唐诗 300首 (中)

唐诗 300首 (中)

류인 옮김

소울앤북

책을 내면서

"文章合为时而著, 歌诗合为事而作" －白居易
"문장은 시절에 합해야 가치가 있고, 시가는 사실에 합해야 작품이라 할 수 있다."
아마 문장이든 시든 세상 살아가는 이야기를 담지 않으면 의미가 없다는 뜻이리라.

2007년부터 4년간 삼성전자 중국 쑤저우(苏州) 공장에서 근무하며 중국어와 중국 생활을 경험하는 기회를 가질 수 있었다. 당시 공장 여건이 어려워 짧은 기간 동안 꽤 많은 우여곡절을 겪었다. 우연히 공부 삼아 당시와 송사 몇 수를 보면서 옛사람들의 사는 모습도 다르지 않았다고 생각했고, 그것을 내 느낌으로 옮겨 보니 처절한 삶의 애환과 절절한 심정이 더 생생하게 느껴졌다. 내친김에 시간 날 때마다 당시 삼백수, 송사 삼백사를 번역하여 몇몇 지인들과 공유하였던 것이 계기가 되어 책으로 엮게 되었다.

우리말로 옮기면서 국립국어원의 외래어 표기 기준에 따라 인명은 모두 신해혁명 이전이므로 우리 식 발음을 사용하였는데 이름을 함부로 바꾸어 버리는 느낌이 들어 불편한 마음이 다소 들었다. 지명도 현존하지 않는 것은 우리 발음에 따랐으나 행정지명들은 새로운 이름과의 비교를 위해 중국 발음을 그대로 사용하기도 하였다.

 당시(唐诗)는 전해지는 것이 5만여 수에 달하는데 이를 청나라 때 손수(孙洙)가 1763년부터 1765년에 걸쳐 인구에 많이 회자되면서 작품성이 뛰어난 310수를 골라 편찬하고 '唐诗 三百首'라 하였다. 이는 이후 가장 광범위하고 많은 영향을 끼친 시가집의 표본이 되었다. 급속한 기술 발전의 디지털 시대에도 여전히 사랑받는 고전 시를 평범한 직장인의 언어로 다시 읽어 보는 것도 상당한 의미가 있으리라 믿는다.

 옮기는 과정에 바이두의 상세한 시 해설에 많은 신세를 졌는데, 그 도움이 없었으면 시를 보면서 특별한 느낌을 가지지 못했을 것이고 번역해 보리라는 생각도 못 했을 것이다. 얄팍한 중국어 실력으로 번역시집을 출간한다는 것이 부끄러운 일이지만 여러분들의 격려에 용기를 얻어 나의 느낌을 정리해 보았다. 새삼 감사를 드린다.

2021년 2월
류 인

차례

책을 내면서 · 05

오언율시(五言律诗)

이융기(李隆基)
经邹鲁祭孔子而叹之(쩌우루에 들러 공자에게 제사하다) · 18

장구령(张九龄)
望月怀远(달을 보며 그리워하다) · 20

왕발(王勃)
送杜少府之任蜀州(수저우에 부임하는 두 소부를 보내며) · 21

낙빈왕(骆宾王)
在狱咏蝉(감옥에서 매미를 노래함) · 23

두심언(杜审言)
和晋陵陆丞早春游望(진링의 육승과 '조춘유망'을 부르다) · 27

심전기(沈佺期)
杂诗(잡시) · 29

송지문(宋之问)
　題大庾岭北驿(다위령 베이이) · 33

왕만(王湾)
　次北固山下(베이구산 아래 배를 대다) · 35

상건(常建)
　題破山寺后禅院(포산사 뒤의 선원) · 37

잠삼(岑参)
　寄左省杜拾遗(좌성 두 습유에게 부침) · 39

이백(李白)
　赠孟浩然(맹호연에게 바침) · 41
　渡荆门送别(징먼에서 고향에 작별을 고하다) · 42
　送友人(친구를 보내다) · 44
　听蜀僧濬弹琴(준 스님의 거문고 소리) · 45
　夜泊牛渚怀古(한밤중 뉴주에 배를 대고) · 46

두보(杜甫)
　春望(춘망) · 48
　月夜(달밤) · 49
　春宿左省(봄날 숙직) · 50
　至德二载甫自京金光门出问道归凤翔乾元初从左拾遗移华州掾与亲故别因此门有悲往事(지덕 2년 장안 금광문을 나와 후미진 좁은 길을 따라 펑샹으로 도망했는데 건원 초년 좌습유에서 쫓

겨나 화저우 지방관으로 갈 때 친구들과 헤어지고 이 문을 나서면서 가슴 아픈 그때 일을 떠올리다) · 51
    月夜忆舍弟(동생들이 그리운 달밤) · 53
    天末怀李白(하늘 끝에서 이백을 그리며) · 54
    奉济驿重送严公四韵(펑지이의 엄공에게 4운시를 다시 보냄) · 55
    别房太尉墓(방 태위 무덤과 작별하며) · 57
    旅夜书怀(밤 여행 소회) · 58
    登岳阳楼(악양루에 올라) · 59

왕유(王维)
    辋川闲居赠裴秀才迪(왕천 오두막에서 수재 배적에게) · 61
    山居秋暝(가을 저녁의 산촌) · 62
    归嵩山作(쑹산 가는 길) · 63
    终南山(중난산) · 64
    酬张少府(장 소부에게 회답하다) · 65
    过香积寺(향적사에 들러) · 66
    送梓州李使君(이 사군을 쯔저우로 보내며) · 68
    汉江临眺(한강에 배를 대고) · 69
    终南别业(중난산 오두막) · 70

맹호연(孟浩然)
    望洞庭湖赠张丞相(둥팅호를 바라보며 장 승상께 바침) · 72
    与诸子登岘山(친구들과 셴산에 올라) · 73
    清明日宴梅道士房(청명절 매 도사의 산방) · 74

岁暮归南山(그믐날 남산으로 돌아가) · 75
　过故人庄(친구의 시골집) · 77
　秦中感秋寄远上人(원 스님에게 보낸 장안의 가을 느낌) · 78
　宿桐庐江寄广陵旧游(퉁루강에서 광링 친구에게) · 79
　留别王侍御维(왕유와의 이별 시) · 80
　早寒江上有怀(차가운 강물 위에서) · 81

유장경(刘长卿)
　秋日登吴公台上寺远眺(어느 가을의 오공대) · 83
　送李中丞之襄州(이 중승을 보내며) · 84
　饯别王十一南游(왕십일을 송별하다) · 85
　寻南溪常山道人隐居(상산 도인을 찾아) · 86
　新年作(신년 소회) · 88

전기(钱起)
　送僧归日本(일본으로 돌아가는 스님) · 90
　谷口书斋寄杨补阙(구커우 서재에서 양 보궐을 기다림) · 91

위응물(韦应物)
　淮上喜会梁川故友(화이상에서 량촨 친구와의 재회) · 93
　赋得暮雨送李胄(저녁 비 맞으며 이주를 보내다) · 94

한홍(韩翃)
　酬程近秋夜即事见赠(정근에게 답하다) · 96

유신허(刘眘虚)
  阙题(결제) · 98

대숙윤(戴叔伦)
  客夜与故人偶集(객잔에서 만난 옛 친구) · 100

노윤(卢纶)
  李端公(이단과의 이별) · 102

이익(李益)
  喜见外弟又言别(외사촌과의 우연한 만남, 그리고 이별) · 104

사공서(司空曙)
  云阳馆与韩绅宿别(운양관에서 한신과의 이별 전야) · 106
  喜外弟卢纶见宿(뜻밖에 외사촌 노윤이 자러 오다) · 107
  贼平后送人北归(난리 후 귀향하는 친구) · 108

유우석(刘禹锡)
  蜀先主庙(촉 선주의 사당에서) · 110

장적(张籍)
  没蕃故人(투루판에 잡혀간 친구) · 112

백거이(白居易)
  赋得古原草送别(초원에서 친구와 작별하다) · 114

두목(杜牧)
　旅宿(여관방) · 115

허혼(许浑)
　秋日赴阙题潼关驿楼(어느 가을 통관에서) · 117
　早秋(초가을) · 118

이상은(李商隐)
　蝉(매미) · 122
　风雨(비바람) · 123
　落花(낙화) · 124
　凉思(애수) · 125
　北青萝(베이칭뤄) · 126

온정균(温庭筠)
　送人东游(동쪽으로 떠나는 친구) · 128

마대(马戴)
　灞上秋居(바상에서의 가을) · 130
　楚江怀古(초강에서의 회고) · 131

장교(张乔)
　书边事(변방 이야기) · 135

최도(崔涂)

巴山道中除夜书怀(섣달그믐에) · 137
孤雁(무리 잃은 기러기) · 138

두순학(杜荀鹤)
春宫怨(궁중 원망) · 140

위장(韦庄)
章台夜思(장대의 밤) · 142

교연(皎然)
寻陆鸿渐不遇(육홍점을 찾아가다) · 144

오언절구(五言绝句)

왕유(王维)
鹿柴(루차이) · 148
竹里馆(죽리관) · 148
山中送别(산중 송별) · 149
相思(홍두, 그리움) · 150
杂诗(잡시) · 151

배적(裴迪)
崔九欲往南山马上口号与别(최구를 보내며) · 152

조영(祖咏)
　终南望馀雪(중난산 잔설을 보며) · 154

맹호연(孟浩然)
　宿建德江(젠더강에서 숙박하다) · 156
　春晓(봄날 새벽) · 157

이백(李白)
　静夜思(가을밤 고향 생각) · 158
　怨情(원망, 그리움) · 159

두보(杜甫)
　八阵图(팔진도) · 160

왕지환(王之涣)
　登鹳雀楼(관작루에 오르며) · 161

유장경(刘长卿)
　送灵澈上人(영철 스님을 보내며) · 163
　听弹琴(거문고 타는 소리) · 164
　送方外上人(스님을 보내며) · 165

위응물(韦应物)
　秋夜寄丘二十二员外 (가을밤에 구단에게 부침) · 166

이단(李端)
  听筝(쟁 연주) · 167

왕건(王建)
  新嫁娘词(새색시) · 169

권덕여(权德舆)
  玉台体(화장대) · 172

유종원(柳宗元)
  江雪(눈 내리는 강) · 174

원진(元稹)
  行宫(행궁) · 175

백거이(白居易)
  问刘十九(유십구에게 묻다) · 176

장호(张祜)
  宫词(궁중 생활) · 177

이상은(李商隐)
  乐游原(낙유원) · 179

가도(贾岛)

寻隐者不遇(은자를 찾았으나 만나지 못하다) · 181

송지문(宋之问)
　渡汉江(한강을 건너며) · 183

김창서(金昌绪)
　春怨(봄날, 원망스러움) · 184

서비인(西鄙人)
　哥舒歌(가서를 노래함) · 186

오절악부(五绝乐府)

최호(崔颢)
　长干曲(창간곡) · 190

이백(李白)
　玉阶怨(옥섬돌에서의 기다림) · 192

노윤(卢纶)
　塞下曲(요새곡) · 193

이익(李益)
　江南曲(강남곡) · 198

오언율시(五言律诗)

절구(绝句)와 함께 근체시(近体诗)를 대표하는 시 형식. 오언고시(五言古诗)에 뿌리를 두고 있으며 기원은 남북조에 이르나 당나라 초기에 성숙하게 됨. 8구로 구성되며 매 구는 다섯 글자임. 줄여서 '오율(五律)'이라고도 부름. 사회 현실, 자연경관을 소재로 내면세계를 표현함. 왕창령(王昌龄), 왕유(王维), 맹호연(孟浩然), 이백, 두보, 유장경(刘长卿) 등이 독보적인 작품을 남김.

이융기(李隆基 : 685~762年)

현종(玄宗). 청년 시절 문무 겸비한 황제로 당나라의 전성기를 이끌었으며 이를 개원의 치(开元之治)라고 함. 노년에 양옥환(杨玉环)을 귀비로 들인 후 국정을 소홀히 하고 이임보(李林甫), 양국충(杨国忠) 등의 간신들을 중용하여 국력이 쇠하면서 안사의 난(安史之乱)을 촉발하게 됨.

经邹鲁祭孔子而叹之

夫子何为者, 栖栖一代中。
地犹鄹氏邑, 宅即鲁王宫。
叹凤嗟身否, 伤麟怨道穷。
今看两楹奠, 当与梦时同。

쩌우루(邹鲁)에 들러 공자에게 제사하다

위대한 선생님, 평생 분주히 천하를 떠도심은
대체 무엇을 위함이었나요?
태어나신 땅은 추씨(鄹氏) 마을[1]이며
옛집은 노왕(鲁王)의 궁전[2]으로 변했군요.
봉황을 탄식[3]하며 불운에 한숨짓다

치린(麒麟)을 슬퍼하고⁴⁾ 혼란한 세상 원망했으나
지금은 두 기둥 사이에서 제사를 받으시며
꿈꾸었던 일⁵⁾ 일어남을 보시는군요.

1) 공자의 아버지 숙량흘(叔梁紇)은 쩌우읍(鄒邑)의 대부(大夫)였음. 공자는 여기서 태어나 취푸로 이사.
2) 한나라 노공왕(魯共王) 유여(刘余)가 공자의 고택을 헐고 건물을 지은 다음 음악 감상하는 장소로 이용.
3) 봉황이 출현하면 성인이 난다고 믿었음. 공자는 봉황이 나타나지 않아 성인을 만나지 못함을 탄식.
4) 치린은 태평성세의 상징. 공자는 치린이 사람들에게 잡혔다는 소문을 듣고 "치린이 나왔으나 죽었으니 나의 소원도 이루어질 리 없겠구나!"라며 비통해하였음.
5) 공자는 자신이 두 기둥 사이에 앉아 사람들의 제사를 받는 꿈을 꾸었다고 말하였음. 옛날 중국에서는 사당 앞 둥근 기둥 사이에 영정을 두고 제사를 올렸음.

▶ 725년(개원 13년) 11월 현종은 타이산(泰山)에 가서 하늘에 제사를 지냄. 귀경하는 길에 취푸(曲阜)에 들러 공자묘에서 제사를 지내고 감격하여 이 시를 씀. 쩌우루(邹鲁)는 추나라의 맹자와 노나라의 공자, 즉 문교(文敎)가 흥성한 지방인데 여기서는 산둥 취푸(山東曲阜)를 가리킴.

장구령(张九龄 : 673~740年)

望月怀远

海上生明月, 天涯共此时。
情人怨遥夜, 竟夕起相思。
灭烛怜光满, 披衣觉露滋。
不堪盈手赠, 还寝梦佳期。

달을 보며 그리워하다

바다 위로 휘영청 밝은 달이 떠오르니
다른 하늘 아래서 같은 달을 바라본다.
다감한 사내 기나긴 밤이 원망스러워
잠 한숨 못 이루고 그대를 생각하네.
촛불을 끄니 가득한 달빛 애잔해지고
옷 걸치고 걷는 중에 이슬방울 촉촉하네.
두 손 가득 떠서 보낼 수도 없는 노릇
자면서 꿈꾸는 반가운 만남이 차라리 나으리.

▶ 현종 개원 21년(733년) 장구령은 재상으로 임명되나 이임보의 참소를 당해 736년 파직됨. 이 시는 그해 징저우 장사(荆州长史)로 좌천되었을 때의 작품. 장사는 참모 성격의 관리.

왕발(王勃 : 649~676年)

자는 자안(子安)이며 장저우 룽먼(绛州龙门:지금의 산시 허진河津) 사람. 고종 인덕(高宗麟德: 664~665년) 초 급제하여 궈저우 참군(虢州参军)에 임명됨. 이후 하이난(海南)에 아버지를 찾으러 갔다 물에 빠진 뒤 쇼크로 죽음. 어릴 때부터 재능이 출중하여 양형(杨炯), 노조영(卢照邻), 낙빈왕(骆宾王)과 문장으로 이름을 날려 초당 사걸(初唐四杰)이라 불림. 그들은 당시에 유행하던 섬세한 표현에 치중하는 시풍을 배격하고 개인 생활과 정치적 견해, 세습 귀족들에 대한 불만을 소재로 하는 참신한 시풍에 주력.

送杜少府之任蜀州

城阙辅三秦, 风烟望五津。
与君离别意, 同是宦游人。
海内存知己, 天涯若比邻。
无为在歧路, 儿女共沾巾。

수저우(蜀州)에 부임하는 두 소부(杜少府)를 보내며

삼진(三秦)[1]이 둘러싸 호위하는 장안성

바람에 날리는 연기 너머 오진(五津)²⁾을 본다.
그대와 헤어지나 마음속 의리 변함없으니
우린 벼슬살이하며 떠도는 동일한 처지라.
이 세상(海內)³⁾ 어딘가 살아 있기만 하면
하늘 끝이라 해도 지척에 있는 것과 다름없네.
갈림길에서 우리 헤어지면서
어린애같이 눈물로 수건 적시지 않도록 하세.

1) 장안성 부근 관중 땅을 지칭, 지금의 산시성 퉁관(陝西省潼关) 서쪽 일대. 진나라 말기 항우(项羽)가 진나라를 격파한 뒤 관중을 3개 지역으로 나누어 항복한 진나라 장수들에게 나누어 준 이후 삼진으로 부르게 됨.
2) 민강(岷江 : 쓰촨성에 있는 창강의 지류)에 있던 다섯 나루터. 바이화진(白华津), 완리진(万里津), 장서우진(江首津), 부터우진(涉头津), 장난진(江南津).
3) 고대에는 육지의 사면에 바다가 있다고 생각. 따라서 바다 안쪽은 세상을 의미.

▶ 왕발이 장안에 있을 때 두(杜) 씨 성의 소부(少府)가 쓰촨(四川)으로 발령받아 떠나는 것을 송별하면서 쓴 시. 소부(少府)는 당나라 때 현위(县尉)의 통칭.

낙빈왕(骆宾王 : 약 626~684年)

자는 관광(观光)이며 우저우 이우(婺州义乌 : 지금의 저장浙江) 사람. 린하이승(临海丞)을 역임. 서경업(徐敬业)을 따라 무측천(武则天)에 반대하여 군사를 일으키고, 토무조(讨武曌) 격문을 썼으나 실패하고 그 이후는 죽임을 당했다는 말도 있고 스님이 되었다는 말도 있음. 왕발(王勃), 양형(杨炯), 노조인(卢照邻)과 더불어 초당 사걸(初唐四杰)로 불리며 시문의 명성이 높음.

在狱咏蝉

序

余禁所禁垣西, 是法厅事也, 有古槐数株焉。虽生意可知, 同殷仲文之古树; 而听讼斯在, 即周召伯之甘棠, 每至夕照低阴, 秋蝉疏引, 发声幽息, 有切尝闻, 岂人心异于曩时, 将虫响悲于前听? 嗟乎, 声以动容, 德以象贤。故洁其身也, 禀君子达人之高行; 蜕其皮也, 有仙都羽化之灵姿。候时而来, 顺阴阳之数; 应节为变, 审藏用之机。有目斯开, 不以道昏而昧其视; 有翼自薄, 不以俗厚而易其真。吟乔树之微风, 韵姿天纵; 饮高秋之坠露, 清畏人知。仆失路艰虞, 遭时徽纆。不哀伤而自怨, 未摇落而先衰。闻蟪蛄之流声, 悟平反之已奏; 见螳螂之抱影, 怯危机之未安。感而缀诗, 贻诸知己。庶情沿物应, 哀弱羽之飘零; 道寄人知, 悯余声之寂寞。非谓文墨, 取代幽忧云尔。

西陆蝉声唱, 南冠客思深。
不堪玄鬓影, 来对白头吟。
露重飞难进, 风多响易沉。
无人信高洁, 谁为表予心。

감옥에서 매미를 노래함

서문

내가 갇힌 감옥의 담장 서쪽은 재판소로 오래된 홰나무 몇 그루가 있었다. 비록 무성해 보이기는 하나 은중문(殷仲文)[1]이 보았던 나무와 일반이라, 여기서 송사를 들었으니 주나라의 소백(召伯)이 팥배나무 아래서 판결했던 것과 비슷하다.[2] 매번 석양에 그늘이 지면 드문드문 가을 매미 가냘픈 울음소리 내는 것이 평소보다 애절하게 들림은 마음이 이전과 다름인가, 아니면 벌레가 더욱 슬프게 우는 것인가? 오호라, 울음소리는 사람을 감동시키고 덕행은 성현을 닮았도다. 몸가짐의 청렴함은 군자에 이른 사람의 고결한 품성이니, 껍질을 벗은 후 신선의 경지에 이른 아름다운 자태라. 때가 옴을 기다려 음양의 이치를 따르니, 계절의 변화에 맞추어 잠자코 있을 때와 움직일 때를 분별하도다. 눈이 큼직함은 길이 어두워 잘 보이지 않음이 아니요, 날개가 얇음은 혼탁한 세상에서 진실됨이 변할까 함이 아니라. 높은 나무에서 잔잔한 바람을 노래함이여, 그 음률과 모습은 하늘이 내린 것이요, 깊은 가을날 이슬을 마심이여, 그 정결함을 사람들이 알까 두려움이라. 내가 길을 잃고 곤경에 처하여 포승줄에 묶이게 되어, 비통해 하지는 않으나 늘 후회하는 것이, 나뭇잎이 시들어 떨어지지는 않으나 이미 쇠미해졌음과 비슷하다. 매미 울음소리를 들으며, 내 억울함을 탄원하는 상소가 이미 올려졌음을 떠올렸으나, 사마귀가 매미를 잡으려는 모습을 보니 위험한 상황이 아직 해결되지 않은 것 같아 걱정스럽다. 마음에 느끼는 것이 많아시 한 수를 써 친구들에게 보낸다. 내 심정을 울부짖는 매미가 잘 드러내고 있으니, 미약한 매미가 영락하는 것과 내 처지가 마찬가지라. 모두 이런 사정을 잘 이해하고 마지막 울음 이후의 적막함을 애석하게 생각해 주기를 바란다. 이를 문장으로 할 필요는 없고 잠깐 걱정해 주는 것으로 충분하리라.

> 서쪽 땅[3]에서 매미소리 그치지 않으니
> 남관(南冠)[4]을 쓴 신세, 생각이 깊어진다.
> 검은 머리 좋은 시절 누리지 못하고
> 홀로 '백두음(白头吟)[5]'을 읊조린다네.
> 이슬 축축하여 높이 날지 못하고
> 바람 많으니 소리가 묻히는구나.
> 아무도 청렴결백 믿어 주지 않으니

누가 내 마음 대신 증명해 줄 수 있으랴?

1) 은중문(?~407년) : 천쥔 창핑(陈郡长平, 지금의 허난 시화河南西华) 사람, 동진(东晋)의 정치인이자 시인.
2) 주나라의 소백이 순행 도중 팥배나무 아래서 백성들의 민원을 듣고 판결해 주어, 후세 사람들이 경계하여 이 나무를 베지 않았다고 함. 그는 자오(召, 지금의 산시 치산陕西岐山)에서 제후로 봉해져 연(燕)나라의 시조가 되었으므로 소백(자오보)이라는 이름을 얻음.
3) 가을을 의미. 수서 천문지(隋书·天文志)에 "태양은 황도를 따라 동쪽으로 하루에 일 도씩 돌아, 365일이면 하늘 한 바퀴가 된다. 동쪽 땅에 도착하면 봄이 되고, 남쪽 땅에 이르면 여름, 서쪽 땅은 가을, 북쪽 땅에서는 겨울이 된다."라고 기록.
4) 초(楚)나라 모자, 초나라의 종의(钟仪)가 남관을 쓰고 진(晋)나라의 포로가 된 이후 남관은 죄수 또는 포로를 의미하게 됨. 초나라는 중국 남부에 있어 초나라 모자를 남관이라 함.
5) 중국 고대 악부 중 하나, 남자가 변심하여 여자가 헤어질 결의를 다지면서도 단념하지 못함을 토로하는 내용의 시.

▶678년(고종 의봉 3년)의 작품. 십여 년의 하급 관리 생활 끝에 시어사(侍御史)로 승진했던 낙빈왕(骆宾王)은 무측천(武则天)의 비위를 거스르는 상소로 인해, 뇌물죄로 몰려 감옥에 갇혀서 이 시를 씀.

두심언(杜审言 : 약 645~708年)

두보의 할아버지로 자는 필간(必简), 본적은 후베이 샹양(襄阳)이나 허난 공현(巩县)으로 이주. 두보의 시에 많은 영향을 끼쳐 두보는 할아버지의 시를 매우 자랑스러워했음. 고종 함형(高宗咸亨) 때 과거에 급제하였다 중종(中宗) 때 장이(张易) 형제와 왕래한 것이 문제가 되어 펑저우(峰州)로 귀양 감. 젊을 때부터 이교(李峤), 최융(崔融), 소미도(苏味道)와 더불어 문장 사우(文章四友)로 불렸으며, 만년에는 심전기(沈佺期), 송지문(宋之问)과 함께 당나라 근체시(近体诗:율시와 절구의 통칭)의 기초를 세움. 소박하고 자연스러운 시풍을 나타냄.

和晋陵陆丞早春游望

独有宦游人, 偏惊物候新。
云霞出海曙, 梅柳渡江春。
淑气催黄鸟, 晴光转绿蘋。
忽闻歌古调, 归思欲沾巾。

진링(晋陵)[1]의 육승(陆丞)과 '조춘유망(早春游望)'을 부르다

고향을 떠나 벼슬길 떠도는 사람은
만물이 새롭게 되는 것에 놀라곤 하지.
꽃구름 찬란하고 바다가 환해지며
매화와 버들, 강을 건너면 봄이 온다네.
따스한 기운이 꾀꼬리를 재촉하고
봄날 햇살에 부평초 더욱 푸르구나.
문득 자네의 옛 가락 곡조[2]를 듣게 되니
고향 생각에 옷깃을 적신다네.

1) 지금의 쟝쑤 창저우(江苏常州).
2) 육승(陆丞)이 쓴 시, 제목의 '조춘유망'을 지칭.

▶ 두심언은 670년(고종 함형 원년)에 급제하였으나, 벼슬길은 순탄치 않아 현승(县丞), 현위(县尉) 등 미관말직으로 전전함. 689년(무측천 영창 원년) 전후 장인현(江阴县)으로 부임. 객지에서 벼슬살이한 것이 20년에 가깝고 그의 시적 명성도 자자해졌으나, 여전히 지방 작은 고을을 전전하고 있어 마음이 무척 불편한 상태였음. 두심언은 이웃 고을 육승(陆丞)과 친하게 지내며 같이 시간을 보내면서 노래를 지어 부르곤 함. 육이 '조춘유망'을 지어 노래하고 두심언이 이 시로 화답함. 육의 시는 남아 있지 않음.

심전기(沈佺期 : 656?~714年)

자는 운경(云卿)이며 샹저우 네이황(相州内黃:지금의 허난 네이황현) 출신, 675년(고종 상원 2년)에 급제하였으며 송지문(宋之问)과 함께 심송(沈宋)이라고 불리며 율시(律诗)의 기초를 세움.

杂诗 其一

落叶惊秋妇, 高砧促暝机。
蜘蛛寻月度, 萤火傍人飞。
清镜红埃入, 孤灯绿焰微。
怨啼能至晓, 独自懒缝衣。

잡시 제1수

떨어지는 나뭇잎이 가을 맞은 아낙네 놀래키고
다듬이 소리는 밤새 바느질을 재촉하는구나.
거미가 달빛을 구하는 밤에
반딧불이는 여인의 주위를 맴돈다.
푸른 거울에는 붉은 티끌이 묻고
외로운 등불 녹색 불꽃이 희미하네.

새벽까지 멈추지 않는 원망 섞인 울음에
저 홀로 옷 재봉질 자꾸만 늦어지네.

* * *

杂诗 其二

妾家临渭北, 春梦著辽西。
何苦朝鲜郡, 年年事鼓鼙。
燕来红壁语, 莺向绿窗啼。
为许长相忆, 阑干玉箸齐。

잡시 제2수

저의 집은 웨이베이(渭北)[1]에 있건만
봄날 꿈에서는 랴오시(辽西)[2]를 찾아다닙니다.
매년 싸움의 북소리 그치지 않을 텐데
조선군(朝鲜郡)에서는 얼마나 고생하시나요.
붉은 벽에 제비 날아와 이야기하고
꾀꼬리는 푸른 창에서 울부짖습니다.
오랜 세월 그리움에 지쳐서
난간에 옥수저 가지런히 두었습니다.

---

1) 웨이허(渭河)의 북쪽으로 산시성(陕西省) 대부분의 지역. 웨이하는

간쑤성 웨이위안현 냐오수산(渭源縣鳥鼠山)에서 발원하여 산시성 퉁관(潼关)을 경유하여 황하로 유입되는 전장 787km의 강.
2) 랴오허(遼河)의 서쪽 즉 랴오닝성의 서부 지역.

* * *

杂诗 其三

闻道黄龙戍, 频年不解兵。
可怜闺里月, 长在汉家营。
少妇今春意, 良人昨夜情。
谁能将旗鼓, 一为取龙城。

잡시 제3수

황룡 요새(黃龙戍)[1] 소식을 들으셨나요
해마다 싸움이 멈추질 않는다는군요.
규중에서 처량하게 달을 보지만
마음은 언제나 싸움터에 가 있습니다.
오늘 밤 소첩의 그리운 마음은
낭군님의 어젯밤 집 생각이랍니다.
누가 깃발 흔들고 북을 쳐서
단숨에 용성(龙城)[2]을 취하면 좋으련만.

1) 황룡강(黄龙冈)이라고도 하며 당나라 초기 북동부에 있던 요새. 지금의 랴오닝성 카이위안현(辽宁省开原县) 북서쪽.
2) 고대 흉노족이 하늘에 제사를 지내던 지역. 지금의 몽골인민공화국 오르콘강 서쪽. 한 무제 때 위청(卫青) 장군이 700여 적군의 수급을 취한 뒤 적군의 요충지를 일컫는 단어가 됨.

▶ 심전기의 잡시(杂诗) 삼수는 모두 규방 여인의 심정을 빌려 자신의 생각을 표현한 시. 그중 제3수가 당나라 초기 오언율시(五言律诗)의 명시로 꼽히며 당시 삼백 수에 포함됨. 전쟁에 대한 염증과 아울러 뛰어난 장수가 나타나 하루빨리 전쟁을 끝내기 바라는 마음을 표현.

송지문(宋之问 : 656~712年)

자는 연청(延淸)이며 펀저우(汾州:지금의 산시 펀양시 山西汾阳市) 출신. 일설에는 궈저우 훙눙(虢州弘农:지금의 허난 링바오현河南灵宝县) 출신이란 말도 있음. 젊을 때부터 문장으로 유명하였으며 특히 오언시에 뛰어나 심전기(沈佺期)와 더불어 심송(沈宋)이라 불림. 고종 상원 2년(675년) 급제, 연회에 황제를 수행하면서 명에 따라 여러 시를 씀.

题大庚岭北驿

阳月南飞雁, 传闻至此回。
我行殊未已, 何日复归来。
江静潮初落, 林昏瘴不开。
明朝望乡处, 应见陇头梅。

다위령 베이이(大庚岭北驿)

시월이 되어 남쪽으로 나는 기러기도
여기에 이르면 길을 돌린다네.
갈 길 먼 신세 아직 멈추지 못하니

어느 때나 다시 돌아올 수 있을까.
물 빠지기 시작한 강은 수면 잔잔한데
어둑해진 숲에는 장독(瘴)[1]이 가시지 않네.
내일 아침 망향처(望乡处)[2]에 오르면
산 위의 갓 피어난 매화[3]를 보게 되리.

1) 옛날 중국 남방의 밀림에는 악성 말라리아를 일으키는 독기가 있다고 생각.
2) 멀리 고향을 바라볼 수 있는 높은 장소, 즉 다위령에 서는 것을 의미.
3) 남방에 위치한 다위령은 기후가 온난하여 음력 10월이면 희고 붉은 매화가 양 길옆을 가득 덮어, 매령(梅岭)이라고도 불렀음.

▶ 705년(중종 신룡 원년) 룽저우(泷州:지금의 광둥 뤄딩 남동쪽)로 좌천되어 가는 도중 다위령 베이이에 도착했을 때 쓴 시. 송지문은 무후, 중종 때에는 총애를 받았으나 예종이 집권한 뒤 죄를 문책받고 귀양을 가게 됨. 다위령에 도착했을 때, 망망한 산세를 보며 봉우리 사이가 지척 간으로 보이지만 사실은 서로 하늘 끝만큼 멀다는 생각이 들면서, 죄절된 인생의 괴로움과 고향에 대한 그리움이 한꺼번에 용솟음쳐 몇 수의 시를 씀. 다위령은 장시(江西)와 광둥 사이에 있는 다섯 재 중의 하나.

왕만(王湾 : 693~751年)

뤄양 출신. 현종 선천(先天:712~713년)에 급제하여 뤄양위(洛阳尉)를 지냄.

次北固山下

客路青山外, 行舟绿水前。
潮平两岸阔, 风正一帆悬。
海日生残夜, 江春入旧年。
乡书何处达? 归雁洛阳边。

베이구산(北固山) 아래 배를 대다

청산(青山) 옆으로 흐르는 강을 따라
푸르른 물 헤치고 저어 가는 배 한 척.
밀물이 차오르고 더 너른 양안 사이로
순풍이 불어와 흰 돛을 높이 올렸네.
바다 위 해가 떠올라 밤 색깔 스러지고,
강에는 봄이 와 한 해가 지나가네.
집으로 보낸 편지 어디쯤 가고 있나?
뤄양에 돌아가는 기러기[1]가 있었더라면.

1) 기러기는 매년 가을에 남쪽으로 왔다가 봄이 되면 다시 북쪽으로 되돌아가므로 기러기가 서신을 전달해 준다는 희망 섞인 전설이 있었음.

▶ 왕만은 오(吳)와 초(楚) 지역을 오가면서 강남(창강 이남)의 수려한 산수에 심취하게 되어 일련의 시를 쓰게 되는데 이 시는 그중 가장 빼어난 작품. 시인은 어느 해의 늦겨울과 초봄, 창강을 따라 초에서 오로 가던 중 장쑤 전장(江苏镇江)의 베이구산 아래 배를 대고 이 시를 씀.

상건(常建 : 708~765年)

题破山寺后禅院

清晨入古寺, 初日照高林。
曲径通幽处, 禅房花木深。
山光悦鸟性, 潭影空人心。
万籁此俱寂, 惟闻钟磬音。

포산사(破山寺) 뒤의 선원

이른 아침 고찰에 들어갈 때
막 떠오른 해가 산의 숲을 비추었다.
꼬불꼬불 오솔길 따라 깊숙한 곳
무성한 꽃과 나무, 선방을 덮었네.
아름다운 산에 새들이 흥겹고
연못에 비친 그림자에 마음을 비운다.
여기서는 모든 구멍이 숨을 죽이니[1]
단지 들리는 것은 종소리뿐이라.

1) 라이(籟)는 입, 눈, 코, 귀 등 인체의 모든 구멍에서 나는 소리.

▶ 이 시는 상건이 포산사 뒤편 선원(禅院)을 둘러보고, 풍물의 독

특함과 고즈넉한 분위기, 고찰을 구경한 기쁨과 고차원 경지를 추구하고자 하는 열망을 간결한 필치로 서술한 것임. 당나라 산수시 중에서도 독보적인 경지를 구축한 시라고 평가받음. 포산사는 흥복사(興福寺)라고도 하며 장쑤성 창수시(常熟市) 북서쪽 위산(虞山)에 있는 절로 남조 제나라 때 천저우(郴州) 자사 예덕광(倪德光)이 자신의 집에 세웠음.

잠삼(岑參 : 718?~ 769年)

寄左省杜拾遗

联步趋丹陛, 分曹限紫微。
晓随天仗入, 暮惹御香归。
白发悲花落, 青云羡鸟飞。
圣朝无阙事, 自觉谏书稀。

좌성(左省) 두 습유(杜拾遗)에게 부침

발걸음을 맞추어 붉은 계단[1]을 올랐다가
자미(紫微)[2] 양쪽으로 자리가 나뉘었네.
새벽에 천자의 의장대 사이로 입조했다
저녁엔 향냄새[3] 몸에 배어 퇴청하였었지.
성성한 백발은 떨어지는 꽃을 탄식하고
푸른 구름을 보며 나는 새[4]를 부러워했네.
영명하신 조정 대신들 흠잡을 데 없으니
간언서 올릴 일이 날로 드물어지겠구나.[5]

1) 조정을 의미. 황궁의 계단이 붉은색이었음.
2) 큰곰자리 부근에 있는 별 이름, 황제의 거처를 의미. 여기서는 조회 시 황제가 앉는 선정전(宣政殿)을 가리키며 중서성은 전의 서

쪽, 문하성은 동쪽에 위치. 조회시 같이 계단을 올랐다가 동서로 나뉘어 근무함.
3) 조회 시 어전의 향로에 향을 피웠음.
4) 나는 새는 출세 영달이 빠른 사람의 비유.
5) 자신의 잘못을 인정하지 않는 무능한 통치 세력들에 대한 분노를 반어적으로 풍자.

▶ 757년(당 숙종 지덕 2년) 4월 두보는 반군의 감옥에서 탈출한 뒤 펑샹(凤翔)으로 도망하여 숙종 이형(李亨)을 만나 좌습유(左拾遗)에 임명됨. 잠삼은 756년에 먼저 와 757년부터 758년 초까지 두 사람은 조정에서 같이 근무하게 됨. 잠삼은 우보궐(右补阙)로서 중서성(中书省) 소속이었고 두보는 좌습유로서 문하성(门下省) 소속이었는데 습유와 보궐은 모두 황제에게 통치상의 잘못을 간언하는 직책이었음. 두 사람은 동료이면서 시 친구였는데 본 시는 757년 전후 둘이 서로 화답하는 형태로 씀. 제목의 좌성은 문하성의 다른 이름.

이백(李白 : 701~762年)

赠孟浩然

吾爱孟夫子, 风流天下闻。
红颜弃轩冕, 白首卧松云。
醉月频中圣, 迷花不事君。
高山安可仰, 徒此揖清芬。

맹호연(孟浩然)에게 바침

내가 맹 선생님을 진실로 존경하니
그의 풍류(风流)[1]가 세상에 자자하구나.
얼굴 아직 붉을 때 수레와 관복 버렸고
백발이 되어 소나무 구름 중에 누웠네.
달 아래서 취한 술은 성현의 경지라[2]
꽃에 연연하여 임금을 따르지 않았지.
높은 산은 감히 우러러볼 수 없고
단지 여기 고결함에 공손히 절할 뿐이라![3]

1) 문장과 시가 뛰어나고 권세에 연연하지 않는 소탈한 인품의 문인을 칭송하던 표현.
2) 삼국시대 위나라의 서막(徐邈)이 "청주를 마셔 성인이 되고 탁주를

마셔 현인이 되려 한다."라고 한 것을 인용.
3) 이백은 촉(蜀)에서 나와 여러 지역을 여행하다 장샤(江夏)에 이르러 샹양의 맹호연을 방문했으나 하필 외유 중이었음. 이백은 맹호연에 대한 흠모의 마음과 만나지 못한 아쉬움을 동시에 표현함.

▶이백과 맹호연의 사이는 매우 각별하였음. 술 마시고 노는 것을 좋아한 것도 비슷하지만 무엇보다도 천성적으로 영혼의 자유로움을 추구하는 점에서 동질성이 강하였음. 인생역정도 비슷하여 맹호연은 원래 루먼산(鹿門山)에 은거하다 40여 세 때 서울로 갔다 "이 길에는 사람이 없다"라며 돌아온 적이 있고, 이백은 젊어서 민산(岷山)에 은거하다 현종의 부름을 받고 서울로 올라가 한림(翰林)으로 일하였으나 참소를 당해 귀향한 적이 있음. 두 사람 모두 고관대작들을 우습게 여기고 자유분방하게 떠돌아다니는 것을 즐기며 초월적인 세계를 추구했다는 점이 서로를 둘도 없는 친구로 만들었는데 이 시는 이러한 관계의 증거라 할 수 있음. 이 시는 개원 27년(739년) 이백이 샹양(襄阳)에 맹호연을 만나러 갔을 때 쓴 것으로, 맹호연은 이백보다 열두 살 연상으로 이때는 이미 늘그막이었음.

* * *

渡荊門送別

渡远荆门外，来从楚国游。
山随平野尽，江入大荒流。
月下飞天镜，云生结海楼。

仍怜故乡水, 万里送行舟。

징먼(荆门)에서 고향에 작별을 고하다

강을 건너 멀리 징먼 바깥에 이르러[1]
초나라(楚国)[2] 땅을 구경하기 시작했다.
산이 낮아지고 끝없는 평야가 열리더니
강은 광활한 벌판으로 흘러든다.
달이 거울 수면으로 날아 앉으니
구름이 바다 위 신기루를 만드는구나.
여전히 고향의 강[3]이 그리운 것은
일만 리 뱃길로 나를 보내 줌이라.[4]

1) 이백은 촉을 떠나 뱃길로 바위(巴渝), 삼샤(三峡)를 지나 징먼산 외곽에 도착함.
2) 후베이 일대가 춘추시대 초나라의 영토였음.
3) 쓰촨에서 흘러나오는 창강. 이백은 어릴 때부터 쓰촨에서 살아서 고향이라고 함.
4) 물살이 험한 쓰촨의 강에 자신의 이상과 포부가 원대함을 비유하여 표현.

▶ 이백은 개원 12년(724년) 이상과 포부의 실현을 준비하기 위해 촉을 떠나 전국 유람 길에 오름. 징먼에 도착했을 때 고향에 작별을 고하는 시를 씀. 징먼은 후베이성 이창시(湖北省宜昌市) 북서쪽 창

강 남안에 있는 산으로 북안의 후야산(虎牙山)과 마주 서 있음. 지세가 험악하여 예부터 초촉(楚蜀)의 요충지로 일컬어짐.

***

送友人

青山横北郭, 白水绕东城。
此地一为别, 孤蓬万里征。
浮云游子意, 落日故人情。
挥手自兹去, 萧萧班马鸣。

친구를 보내다

청산은 외성 북쪽에 가로누워 있고
맑은 물은 동쪽 성을 휘감아 돈다.
여기에서 우리 서로 헤어지면
외로운 개망초[1]는 일만 리를 가야 하리.
뜬구름 나그네 마음 머물 곳을 모르고
지는 해도 아쉬워 쉬 가지 못하네.
여기부터 손 흔들며 떠나야 하리니
친구 태운 말도 히힝 하고 우는구나.

1) 헤어져서 떠나는 친구를 외로운 개망초에 비유.

▶ 이 시의 창작 배경은 알려져 있지 않으며 시 제목도 후세 사람들이 붙인 것으로 보임. 738년(현종 개원 26년) 난양(南阳)에서 쓴 것이라는 설과 747년(현종 천보 6년) 진링(金陵)에서 쓴 것이라는 설이 있음.

* * *

听蜀僧濬弹琴

蜀僧抱绿绮, 西下峨眉峰。
为我一挥手, 如听万壑松。
客心洗流水, 馀响入霜钟。
不觉碧山暮, 秋云暗几重。

준(濬) 스님의 거문고 소리

품에 녹기(绿绮)¹⁾를 껴안은 준 스님
서쪽 어메이봉(峨眉峰)²⁾에서 내려왔다네.
나를 위해 손가락 한번 튕기니
골짜기마다 들려오는 솔숲 파도 소리.
흐르는 물에 씻은 나그네 마음
여음(馀音)이 가을 종소리에 섞이네.
부지불식 황혼이 덮인 청산에

가을 구름도 어두움을 더하는구나.

1) 거문고의 이름. 준 스님의 거문고가 아주 귀한 것임을 은유.
2) 쓰촨성 어메이산시 남서쪽에 마주 선 두 개의 봉우리가 마치 눈썹 같다고 하여 붙은 이름.

▶ 753년(현종 천보 12년) 이백이 쉬안청(宣城, 지금은 안후이성에 소재)에 머무를 때 쓴 시로 추정.
  준(濬)은 촉(蜀) 출신의 스님으로 이백의 다른 시 '쉬안저우 링위안사의 중준공에게 바침(赠宣州灵源寺仲濬公)'의 중준공과 같은 사람일 것으로 추정됨.

* * *

夜泊牛渚怀古

牛渚西江夜, 青天无片云。
登舟望秋月, 空忆谢将军。
余亦能高咏, 斯人不可闻。
明朝挂帆席, 枫叶落纷纷。

한밤중 뉴주(牛渚)에 배를 대고

한밤중 시강(西江)¹⁾ 뉴주(牛渚)에 배를 대니

새파란 하늘엔 구름 한 점도 없구나.
배에 올라 가을 달을 바라보니
사(谢)장군 옛일이 아련히 떠오르네.
나 또한 소리 높여 부를 수 있건만
그이는 내 노래를 들을 수 없네.[2]
내일 아침 돛 달고 배 띄우리니
단풍잎 하늘하늘 떨어지겠지.

1) 난징에서 서쪽으로 장시까지의 창강 부분.
2) 세상에서 자신의 재능을 알아주는 사람이 없음을 은유.

▶ 이 시는 이백이 아직 무명이던 727년(개원 15년) 가을, 동쪽으로 바닷가를 유람한 뒤 강을 거슬러 둥팅(洞庭)으로 돌아오던 중 뉴주(牛渚)에 들러서 쓴 것으로 추정.

뉴주는 안후이 당투(安徽当涂) 북서쪽 창강변의 산. 진서 문원전(晋书:文苑传)에 "원홍(袁宏)은 어릴 때 매우 가난하여 운송선에서 일하였다. 진서장군(镇西将军) 사상(谢尚)이 뉴주에 주둔 시 가을밤 배를 타고 강을 돌던 중 원홍이 자신의 역사시를 낭송하는 것을 듣고 매우 감탄하여 자신의 배로 초청하여 날이 밝도록 대화를 나누었다. 원홍은 이 일로 그 명성이 천하에 알려지게 되었다."라고 기록함.

두보(杜甫 : 712~770年)

春望

国破山河在, 城春草木深。
感时花溅泪, 恨别鸟惊心。
烽火连三月, 家书抵万金。
白头搔更短, 浑欲不胜簪。

춘망(春望)

장안 거리 무너져도 산천은 변함없고
봄을 맞은 성에는 잡목이 뒤덮였네.
시국의 아픔에 꽃 보면 눈물이 나고
헤어진 슬픔에 새 보면 깜짝 놀라.
싸움터 불길이 석 달간 멈추지 않으니
가족 소식이면 일만 금이 아까우랴?
하얘진 머리는 만질수록 짧아져서
아무리 애를 써도 비녀 꽂을 데 없네.

▶ 756년(당 숙종 지덕 원년) 6월 안사 반군이 장안을 함락시키고 3일에 걸쳐 약탈과 방화를 자행하여 번화했던 시가지를 폐허로 만듦. 8월 두보는 처자식을 푸저우 창춘(鄜州羌村, 지금의 산시 푸현

富县의 남쪽)에 피신시키고 자신은 북쪽 링우(灵武)로 가던 중 포로가 되어 장안으로 끌려가 반년 이상 억류됨. 757년 늦은 봄의 경치에 가슴 아파하며 이 시를 씀.

* * *

月夜

今夜鄜州月, 闺中只独看。
遥怜小儿女, 未解忆长安。
香雾云鬟湿, 清辉玉臂寒。
何时倚虚幌, 双照泪痕干。

달밤

오늘 밤 푸저우에 뜬 달을
규방에서 홀로 쳐다보고 있겠지.
멀리 타향의 철없는 애들은
장안이 그리운 이유를 모를 터.
향기로운 안개[1]에 귀밑머리 축축하고
밝은 달빛에 가냘픈 손 시리겠지.
언제 옅은 휘장 아래 서로 기대어
같은 달빛 나누면서 눈물 자국 지워볼까?

1) 여자들이 목욕하고 나서 머리에 바른 기름 냄새가 안개에 배었다는 의미.

▶756년 봄 안녹산이 뤄양을 거쳐 통관(潼关 : 뤄양과 장안 사이의 요충지)을 공격하고 6월에는 장안을 함락시킨 뒤 바이수이(白水)로 진군하자 두보는 가족들을 푸저우 창춘으로 피신시킴. 두보가 반군의 포로가 된 8월 장안에서 달을 보고 가족들을 생각하며 이 시를 씀.

***

春宿左省

花隐掖垣暮, 啾啾栖鸟过。
星临万户动, 月傍九霄多。
不寝听金钥, 因风想玉珂。
明朝有封事, 数问夜如何。

봄날 숙직

꽃들이 담장으로 숨어버린 저녁
새들도 짹짹거리며 둥지로 날아든다.
일만 지붕에 내린 별들 깜빡이고
하늘로 솟은 궁전 달빛 더욱 빛난다.

잠 못 이루는 밤, 열쇠 소리[1] 들리는 듯
밤바람은 조회 길 말방울 소리[2]인가
내일 아침 상소문을 봉해야 하여[3]
밤이 얼마나 깊었나 몇 번이고 물어보네.

1) 통금 끝나고 궁전 문을 여는 소리.
2) 처마에 달린 종이 바람에 땡그랑거리는 것을 듣고 새벽 조회 가는 고관들의 말방울 소리를 연상.
3) 상소문을 올릴 때 누설을 방지하기 위해 검은색 봉투에 넣고 밀봉하였음.

▶ 757년(숙종 지덕 2년) 9월 관군이 장안을 수복, 10월 푸저우에서 장안으로 돌아온 두보는 좌습유(左拾遺)에 임명되어 조정에 간언하는 일을 하게 됨. 이 시는 이듬해 쓴 것으로 숙직 다음 날 아침 상소를 올려야 하는 일 때문에 잠을 이루지 못하는 상황을 묘사.

* * *

至德二载甫自京金光门出问道归凤翔乾元初从左拾遗移华州掾与亲故别因出此门有悲往事

此道昔归顺, 西郊胡正繁。
至今残破胆, 应有未招魂。
近侍归京邑, 移官岂至尊。

无才日衰老, 驻马望千门。

  지덕 2년 장안 금광문(金光门)을 나와 후미진 좁은 길을 따라 펑샹(凤翔)으로 도망했는데 건원 초년 좌습유에서 쫓겨나 화저우(华州) 지방관으로 갈 때 친구들과 헤어지고 이 문을 나서면서 가슴 아픈 그때 일을 떠올리다

그해 이 문을 통해 황제께로 도망할 때
문 서쪽 바깥에는 반군들이 득시글거렸지.
지금도 생각하면 간담이 서늘해지고
혼비백산한 마음 진정되질 않는구나!
가까이서 모시려고 도읍으로 돌아왔건만
지방으로 내쫓김은 과연 황제의 뜻인가.
날로 노쇠해지기만 하는 무능한 신하
말을 멈추고 궁궐 문만 하염없이 바라보네.

▶ 757년(지덕 2년) 두보는 장안의 서문 중 혼잡한 금광문을 통해 성을 빠져나가 펑샹으로 탈출하여 숙종에게 갔다 같은 해 10월 장안이 수복되자 황제를 모시고 돌아옴. 다음 해(건원 원년) 절친인 방관(房琯)의 구명 상소를 올렸다가 죄를 입어 화저우 사공참군으로 좌천되어 공교롭게도 다시 금광문을 통해 성을 나가며 옛일을 회상하고 비분강개하여 이 시를 씀.

***

月夜忆舍弟

戍鼓断人行, 边秋一雁声。
露从今夜白, 月是故乡明。
有弟皆分散, 无家问死生。
寄书长不达, 况乃未休兵。

동생들이 그리운 달밤

망루의 북이 울려 인적이 끊어지고[1]
가을 온 변방(边秋)엔 외로운 기러기[2] 울음.
오늘 밤에는 이슬 더욱 하얘지고[3]
고향에도 밝은 달 비추고 있겠지.
형제들 모두 다 뿔뿔이 흩어져서
살았는지 죽었는지 물어볼 집도 없네.
보내는 편지마다 간 곳을 모르니
치열한 싸움 그치지 않고 있음이라.

1) 북을 쳐서 야간 통행 금지를 알렸음.
2) 두보는 친저우(秦州)에 머물고 형제들은 뿔뿔이 흩어졌음을 의미.
3) 절기상 백로(白露, 9월 7일~9일)를 지나면 밤이슬이 응결되어 하얗게 됨.

▶ 759년 9월 안녹산과 사사명은 반군들을 이끌고 판양(范阳)에서 남하하여 벤저우(汴州)를 공략하고 다시 서진하자 뤄양, 산둥, 허난 곳곳이 전란에 휩싸임. 두보는 하필 이 일대에 흩어져 살고 있던 동생들(두영杜颖, 두관杜观, 두풍杜丰, 두점杜占)과 소식이 두절되어 근심과 그리움을 더함.

* * *

天末怀李白

凉风起天末, 君子意如何?
鸿雁几时到? 江湖秋水多。
文章憎命达, 魑魅喜人过。
应共冤魂语, 投诗赠汨罗。

하늘 끝에서 이백을 그리며

하늘 끝(天末)[1]에서는 서늘한 바람 일어나는데
지금 그대 심정은 어떠할까.
기러기에 부친 소식은 언제 도착하려나
가을에는 강 호수 풍랑이 심할 텐데[2]
문장이 뛰어나면 운명이 기구한 법
마귀들은 사람 넘어지는 것을 기뻐하네.

분명 원통한 귀신(冤魂)³⁾과 서로 이야기하려
시 한 수 던져 미뤄강(汨罗江)에 바치겠지.

1) 두보가 있는 친저우가 마치 하늘 끝처럼 외지고 멀다는 의미.
2) 풍랑 극심한 여정을 의미.
3) 모함으로 쫓겨나 미뤄강에 투신했던 굴원(屈原)을 의미. 두보는 이백이 애국심의 발로에서 영왕 이인의 진영에 참여했으나 모함으로 유배형을 당한 것이 굴원과 동일한 처지라고 생각하였음. 미뤄강은 후난성 상인현(湘阴县) 북동쪽에 위치.

▶ 759년(숙종 건원 2년) 가을, 두보는 벼슬을 버리고 멀리 친저우(秦州, 지금의 간쑤성 톈수이天水)에 기거하고 있었고 이백은 영왕 이인(永王李璘) 사건에 연루되어 야랑(夜郎, 구이저우 서쪽에 있던 나라)으로 유배되었다가 도중에 사면되어 후난으로 돌아감. 두보는 이 시를 써 걱정과 그리워하는 심정을 표현.

* * *

奉济驿重送严公四韵

远送从此别, 青山空复情。
几时杯重把, 昨夜月同行。
列郡讴歌惜, 三朝出入荣。
江村独归处, 寂寞养残生。

펑지이(奉濟驛)의 엄공(严公)에게 4운시를 다시 보냄

배웅하는 길 여기서 헤어져야 하리
푸른 산 높이 솟아 아쉬움을 더하네
언제 다시 잔을 부딪칠 수 있을까
어젯밤엔 달이 우리와 함께하였지.
모든 군민들 칭송하며 아쉬워하니
삼대의 조정(三朝)[1] 드나든 지극한 영광이라.
나 홀로 돌아온 강촌(江村)[2]
남은 세월 적막하게 지내야 하리.

1) 현종(玄宗), 숙종(肅宗), 대종(代宗) 세 황제에 걸쳐 높은 벼슬을 지낸 것을 의미.
2) 두보가 살았던 청두 환화(浣花) 계곡의 초당.

▶ 펑지이는 청두 북동부 멘양현(绵阳县)에 있는 마을. 762년 4월 숙종이 죽고 대종이 즉위, 6월에 엄공(严公, 엄무严武)이 조정으로 부름을 받자 두보가 송별시를 씀. 이전에 써 보낸 '엄 시랑을 멘저우에 보내면서 두 사군과 같이 강루 연회에 참석함(送严侍郎到绵州同登杜使君江楼宴)'이란 시가 8구에 4개의 운을 가지고 있어 제목에 다시 보낸다는 것(重送)과 4운(四韵)이라는 말을 넣음. 엄무는 문무를 겸비한 인재로, 두보와 죽이 잘 맞아 피차 시를 써 주면서 돈독한 관계를 유지하였고, 두보의 집을 찾아 경제적인 지원을 해주었음.

* * *

別房太尉墓

他乡复行役, 驻马别孤坟。
近泪无干土, 低空有断云。
对棋陪谢傅, 把剑觅徐君。
唯见林花落, 莺啼送客闻。

방 태위(房太尉) 무덤과 작별하며

타향 길을 분주히 다니다
말을 멈추고 쓸쓸한 무덤에 들렀네
눈물이 흘러 땅을 적시고
조각구름은 낮은 하늘에 멈춰 있네.
같이 바둑 둘 때 사부(谢傅)[1]인가 하였더니
서군(徐君)을 찾아 칼을 걸어야 할 줄이야.[2]
보이는 건 어수선한 꽃 수풀이요
들리는 건 꾀꼬리 배웅 소리로다.

---

1) 사안(谢安), 동진(东晋)의 정치가. 페이수이(淝水)에서 8만 병력을 지휘하여 전진(前秦)의 백만 군대에 승리하여 나라를 지킴. 방관의 침착함과 학문과 풍류에 뛰어난 정도를 사안에 비유.
2) 춘추시대 오나라의 계찰(季札)이 진(晋)나라의 초빙을 받아 서(徐)나라를 지날 때, 서군이 보검을 좋아한다는 것을 알고 찾았으나, 이미 죽은 뒤라 무덤 위 나무에 칼을 걸어 두고 떠남.

▶ 방 태위(방관房琯)는 현종이 쓰촨으로 피난했을 때 재상으로 임명됨. 사람됨이 정직하였으나 757년 숙종 때 좌천됨. 두보는 그를 위해 상소를 올려 간하다가 숙종의 미움을 사서 좌천됨. 763년 방관은 형부상서로 부름을 받고 귀경하던 중 질병으로 사망하고 태위로 추서됨. 2년 후 두보가 랑저우(阆州)를 지나다가 옛 친구의 무덤에 들러 이 시를 씀.

* * *

旅夜书怀

细草微风岸, 危樯独夜舟。
星垂平野阔, 月涌大江流。
名岂文章著, 官应老病休。
飘飘何所似, 天地一沙鸥。

밤 여행 소회

강변 가녀린 풀에 미풍이 불고
외로운 밤 배는 돛을 높이 올렸다.
더 너른 벌판엔 별들이 내려앉고
달빛 솟구치며 큰 강이 흐른다.
문장이 뛰어나 이름을 얻었는가
늙고 병들어 관직을 떠나야 하리.

정처 없는 인생 무엇에다 비할까
천지간 떠도는 한 마리 물새로다.

▶ 765년(대종 영태 원년) 정월 두보는 관직을 그만두고 청두의 초당으로 돌아감. 4월에 친구 엄무(严武)가 죽자 청두에서 의지할 곳이 없어진 두보는 가족들을 배에 태우고 떠나게 됨. 이때부터 3, 4년간 강을 따라 정처 없이 떠돌아다니며 자신의 굴곡 많은 인생과 조정의 부패한 현실을 돌이켜보며 이 시를 쓴 것으로 추정. 시인은 원대한 정치적 포부를 품고 있었으나 장기간 억압받고 뜻을 펴지 못하다 정계에서 배제되기에 이름. 뛰어난 문장으로 유명해지기는 하였으나 그가 원했던 바가 아니라는 푸념을 시에 담음.

* * *

登岳阳楼

昔闻洞庭水, 今上岳阳楼。
吴楚东南坼, 乾坤日夜浮。
亲朋无一字, 老病有孤舟。
戎马关山北, 凭轩涕泗流。

악양루(岳阳楼)에 올라

오랫동안 바라왔던 둥팅의 물

오늘에야 악양루에 올랐구나.
오와 초를 동남으로 나누면서
밤낮으로 천지를 띄우고 있네.[1]
친구들에게선 편지 한 통 없고
배 한 척에 실은 늙고 병든 몸
관산 북쪽엔 싸움 그칠 날 없어[2]
난간에 기대어 눈물 콧물 흘린다.

1) 호수 끝에 보이는 육지가 마치 물에 떠 있는 것처럼 보이는 것을 묘사.
2) 당시 투루판이 북쪽 국경을 침범하여 장안이 위태로운 상황이었음.

▶ 대종 대력 2년(767년) 57세가 된 두보는 폐병에 중풍까지 겹쳐 왼팔은 마비되고 오른쪽 귀가 먹는 등 극도로 상황이 악화된 상태에서 약에 의존하여 생명을 유지하고 있었음. 이듬해 쿠이저우(夔州, 지금의 충칭 펑제奉节)를 떠나 강을 따라 표류하던 중 웨양에 도착하여 오랫동안 동경하던 악양루에 오름. 난간에 기대어 둥팅호를 바라보면서 끝이 보이지 않는 광활함에 감탄하는 한편 만년에 정처 없이 떠돌아야 하는 자신의 처지와 전란이 끊이지 않는 나라에 대한 근심으로 만감이 교차하게 됨.

왕유(王维 : 701~761年)

辋川闲居赠裴秀才迪

寒山转苍翠, 秋水日潺湲。
倚杖柴门外, 临风听暮蝉。
渡头余落日, 墟里上孤烟。
复值接舆醉, 狂歌五柳前。

왕천(辋川) 오두막에서 수재 배적(裴迪)에게

차가운 산이 짙푸른 색을 바꾸고
가을 물 흐름은 하루하루 느려진다.
사립문 바깥에서 지팡이에 기대어 서니
철 지난 매미 소리 바람에 실려 오네.
나루터 저 너머로 해가 떨어지면
마을 굴뚝엔 한 줄기 밥 짓는 연기
또다시 거나해진 접여(接舆)[1]를 만났다니
오류(五柳)[2] 앞에서 미친 듯이 노래하더라

---

[1] 춘추시대 초나라 사람인 육통(陆通)의 자. 미친 척하면서 벼슬자리를 회피함. 배적(裴迪)을 빗댄 표현.
[2] 도연명(陶渊明). 여기서는 왕유 자신을 빗대어 말한 것.

▶ 배적은 왕유의 절친으로 둘은 중난산(終南山)에 숨어 살면서 왕천(輞川)에 배를 띄우고 거문고와 시를 벗 삼아 종일 놀곤 하였음.

* * *

山居秋暝

空山新雨后, 天气晚来秋。
明月松间照, 清泉石上流。
竹喧归浣女, 莲动下渔舟。
随意春芳歇, 王孙自可留。

가을 저녁의 산촌

사람 없는 산 비가 막 그친 후
날이 저무니 가을 기운 완연쿠나.
솔숲 사이 밝은 달빛 쏟아지고
맑은 샘물 바위 위로 흘러내리네.
빨래 마친 여인들 대나무 숲 소란하고
고깃배는 흔들리는 연잎 아래를 간다.
봄 향기는 알아서 물러가니
산속 왕손(王孫)[1] 오래오래 머물리라.

1) 산속에 은거하는 자신을 왕손에 비유.

▶ 이 시는 왕유가 중난산 아래 왕천에 살 때 어느 가을 저녁 비가 갠 후의 산촌 풍경을 묘사. 현종 개원 24년(736년) 최후의 명재상 장구령(张九龄)이 이임보(李林甫) 등의 세력에 의해 축출되자 조정은 날로 혼탁해지고, 왕유의 정치적 열정도 식어 버림. 740년 이후 그는 중난산에 집을 짓고 야인으로 지내게 됨.

* * *

归嵩山作

清川带长薄, 车马去闲闲。
流水如有意, 暮禽相与还。
荒城临古渡, 落日满秋山。
迢递嵩高下, 归来且闭关。

쑹산(嵩山) 가는 길

무성한 초목으로 뒤덮인 맑은 시내
말과 수레가 느릿느릿 길을 간다.
흐르는 물은 의지가 굳세고[1]
저녁 무렵 새들 귀로에 동행하네.

허물어진 성터 옆 옛 나루터
가을 산엔 석양 노을 가득하다.
멀리 험준한 쑹산 아래 숨어
문 잠그고 들어가 세상일 잊으리라.

1) 귀촌의 결심을 한번 흐르면 돌아오지 않는 시냇물에 비유.

▶ 개원(713~741년) 때 현종은 주로 뤄양에 머물렀음. 따라서 왕유도 좌천되었던 지저우(济州, 지금의 산둥성 지닝시济宁市)에서 돌아온 후에는 뤄양 인근의 쑹산(嵩山)에 은거하였음. 이 시에서 관직을 그만두고 귀촌하면서 보았던 정경과 느꼈던 담담한 심정을 묘사. 쑹산은 오악의 하나로 중악(中岳)이라고도 하며 허난성 등펑시(登封市) 서북면에 위치.

* * *

终南山

太乙近天都, 连山接海隅。
白云回望合, 青霭入看无。
分野中峰变, 阴晴众壑殊。
欲投人处宿, 隔水问樵夫。

중난산(终南山)

타이이(太乙)¹⁾는 하늘나라에 다다르고
연이은 산은 바닷가에 접하였네.
뒤돌아보니 흰 구름 다시 합하고²⁾
푸른 안개가 앞을 막아 보이질 않네.
중봉(中峰)은 별자리로 지경을 나누고³⁾
골짜기마다 밝고 어두움 달라지네.
농가에서 하루 더 묵고자 하여
물 건너 나무꾼에게 물어보았네.

1) 타이이는 중난산의 다른 이름.
2) 구름을 헤치고 지나간 길을 돌아보면 다시 구름 속인 것을 묘사.
3) 고대 중국에서는 하늘의 28 별자리에 해당하는 땅의 지역이 있다고 생각했음.

▶ 741년부터 744년 사이 왕유가 중난산에 은거하면서 쓴 시.

* * *

酬张少府

晚年唯好静, 万事不关心。
自顾无长策, 空知返旧林。
松风吹解带, 山月照弹琴。
君问穷通理, 渔歌入浦深。

장 소부(张少府)에게 회답하다

늘그막에 조용한 것만 좋아하게 되고
세상 돌아가는 일에 관심이 없어졌네.
돌이켜보면 특별한 방책이 없다 보니
고향 산림으로 돌아올 수밖에 없었지.
불어오는 솔바람에 허리띠를 풀고
달빛 비치는 산 위에서 거문고 타네.
그대 곤궁에 달관하는 이치를 묻는가
강어귀 깊숙한 곳 어부 노래 들어보게.

▶ 741년(현종 개원 29년) 왕유가 장 소부에게 쓴 답시. 장 소부에 대해서는 알려진 바가 없으며 현위(县尉)를 소부(少府)라고도 하였음. 왕유는 적극적인 정치적 포부를 가지고 있었으나 존경하던 장구령(张九龄)이 실각하자 실망하여 산야에 들어감. 이후 관직에 임명되기도 하고 승진도 하였으나 이미 현실 정치에 뜻을 잃어 반관 반야의 생활을 하면서 불교에 심취하여 정신적 해탈을 추구하는 시를 씀.

* * *

过香积寺

不知香积寺, 数里入云峰。
古木无人径, 深山何处钟。
泉声咽危石, 日色冷青松。

薄暮空潭曲, 安禅制毒龙。

향적사(香积寺)에 들러

향적사는 도대체 어디 있나
몇 리를 걷다 보니 구름 휘감긴 봉우리들
인적 없는 고목 나무숲 오솔길
깊은 산속 종소리는 어디서 울리는 걸까
큰 돌 사이로 졸졸 흐르는 샘물
햇살 비치는 차가운 소나무 숲
어스름 저녁 적막한 연못가에서
좌선하여 마음속 독룡(毒龙)[1]을 다스린다.

1) 불교 고사 중 서방의 연못에 나쁜 용이 살면서 사람들에게 해를 끼쳤는데 한 고승이 불법으로 쫓아내어 사람들을 구제하였다는 이야기가 있음.

▶산중 고찰을 유람하며 고요하고 그윽한 분위기를 그린 시. 풍경 묘사를 통해 마음속 집착을 극복함으로써 도의 신오함을 깨우칠 수 있음을 은유. 향적사(香积寺)는 산시성 시안시 남쪽 선허위안(神禾原)에 있는 절.

* * *

送梓州李使君

万壑树参天, 千山响杜鹃。
山中一夜雨, 树杪百重泉。
汉女输橦布, 巴人讼芋田。
文翁翻教授, 不敢倚先贤。

이 사군(李使君)을 쯔저우(梓州)로 보내며

일만 골짜기 나무들 하늘을 찌르고
일천 봉우리에 두견새 소리 울려 퍼진다.
어젯밤 내내 산속에 비 내리더니
나뭇가지마다 일백 개 샘물이 흐른다.
한수이(汉水)[1]의 여인들 면직물을 나르고
파(巴)[2] 사람들 토란밭으로 쟁송을 일삼지.
문옹(文翁)[3]처럼 교육을 일신하여
선현의 덕을 의지하지 않도록 하시게.

---

1) 한수이는 후베이성과 산시성(陝西省)에 위치한 강. 쯔저우에서는 목면이 유명하여 세금으로 납부했음.
2) 쓰촨 충칭에 있던 나라로 토란이 주식이었기 때문에 토란밭을 둘러싼 소송이 많았음.
3) 한 경제(汉景帝) 때 촉(蜀)의 태수. 교육기관을 일으키고 인재를 유치하여 촉 지역을 개화시킴.

▶ 쯔저우(梓州, 지금의 쓰촨 산타이三台)에 부임하는 이 사군(李使君)을 송별한 시. 친구가 부임하게 되는 지역의 아름다운 산하와 선량한 풍속을 상상하며 큰 업적을 이루어 선현을 능가하라는 격려의 메시지를 전달.

* * *

汉江临眺

楚塞三湘接, 荆门九派通。
江流天地外, 山色有无中。
郡邑浮前浦, 波澜动远空。
襄阳好风日, 留醉与山翁。

한강(汉江)에서 배를 타고

초나라 변경에서 삼상(三湘)이 접하였고[1]
징먼산(荆门山)[2] 아래 아홉 물줄기가 합해진다.
강물은 세상 바깥으로 흘러가고
안갯속 산들은 보였다 숨었다 하는구나
포구 앞 성읍은 강 위에서 출렁이고[3]
파도가 쳐 저 멀리 하늘도 흔들린다.
샹양(襄阳)의 풍광이 너무 아름다워
머물러 산옹(山翁)[4]과 함께 취하고 싶어라.

1) 춘추전국 시대에는 한강 유역이 초나라(楚国)의 북쪽 국경이었음. 샹수이(湘水)가 리수이(漓水)와 합해진 곳이 리샹(漓湘)이며 증수이(蒸水)와 합해진 곳이 증샹(蒸湘), 샤오수이(潇水)와 합해진 곳이 샤오샹(潇湘)인데 총칭하여 삼샹이라 함. 옛 시에서는 일반적으로 둥팅호 남북과 샹강(湘江) 일대를 의미.
2) 후베이성 이두(宜都)현 서북쪽 창강 남안에 있는 산.
3) 배를 타고 바라보는 샹양성(襄阳城)이 강 위에서 파도에 따라 출렁이는 것 같은 착시를 표현.
4) 산간(山简)을 가리키며 진(晋)나라 때 죽림칠현의 한 사람인 산도(山涛)의 아들로 샹양에 주둔할 때 매번 습 씨(习氏)의 정원에 가서 취하도록 마시곤 하였음.

▶ 개원 28년(740년) 전중시어사(殿中侍御史)를 맡고 있던 왕유가 남방으로 출장을 가다 샹양에 들러 한강(汉江)의 경치를 감상하며 쓴 시. 한강은 한수이(汉水)라고도 하며 산시(陕西)와 후베이를 거쳐 창강으로 유입됨.

* * *

终南别业

中岁颇好道, 晚家南山陲。
兴来每独往, 胜事空自知。
行到水穷处, 坐看云起时。
偶然值林叟, 谈笑无还期。

중난산 오두막

중년이 되면서 불도에 심취하여
중난산 구석으로 최근 집을 옮겼다.
마음 내킬 때면 혼자 이리저리 다니니
스스로 깨침보다 나은 일은 없으리.
계곡물 끝나는 곳까지 걸어가
앉아 있으니 구름 일어나는 것이 보이네.
우연히 숲속 늙은이를 만나게 되어
서로 이야기하던 중 돌아갈 시간을 잊었네.

▶ 왕유는 만년에 관직이 상서우승(尚书右丞)에 이르는 등 직책이 가볍지 않았으나, 당시 정국의 혼란상이 극심하여 속세를 떠나고 싶어 하였음. 불교에 심취하여 유유자적하는 생활을 하면서 40세 전후부터는 관직에 있으면서도 반 은퇴 생활을 하게 됨.

맹호연(孟浩然 : 689~740年)

望洞庭湖赠张丞相

八月湖水平, 涵虚混太清。
气蒸云梦泽, 波撼岳阳城。
欲济无舟楫, 端居耻圣明。
坐观垂钓者, 徒有羡鱼情。

둥팅호를 바라보며 장 승상(张丞相)께 바침

8월의 호수는 더없이 너르고[1]
하늘을 품어 푸름이 뒤섞였네[2]
물안개는 윈멍저(云梦泽)[3]를 뒤덮었고
파도가 쳐 웨양성(岳阳城)이 흔들린다.
호수를 건너자니 배는 보이지 않고
한가로이 지내자니 천자께 부끄럽다.
앉아서 낚시 드리운 이 보던 중에
쓸데없이 물고기만 부러워진다.

1) 계절적으로 물이 불어 수면이 육지와 차이가 없어졌음을 의미.
2) 호수와 수면에 비친 하늘을 구분할 수 없는 상태를 표현.
3) 후베이 남부와 후난 북부에 걸쳐 형성되어 있던 소택지. 둥팅호는

원멍저의 남쪽 일부였음.

▶ 733년(개원 21년) 맹호연이 장안에 머물면서 장구령(张九龄)과 나이를 초월한 친구가 됨. 이후 장구령이 중서령(中书令)을 맡게 되자 자신의 재능을 부각해 임용 추천을 받고자 하는 목적으로 이 시를 써 보냄.

* * *

与诸子登岘山

人事有代谢, 往来成古今。
江山留胜迹, 我辈复登临。
水落鱼梁浅, 天寒梦泽深。
羊公碑尚在, 读罢泪沾襟。

친구들과 셴산(岘山)에 올라

인간사 신구의 바뀜은 항상 있으니
새것은 오고 옛것은 가 고금을 이루네.
강산은 곳곳에 명승고적을 남겨
오늘 우리가 올라와 참배하게 되는구나.
물 빠진 위량(鱼梁)[1] 바닥을 드러내고
추운 겨울 원멍저(云梦泽) 적막하기만 하네.

양공(羊公)의 비석²⁾은 아직도 그대로여서
읽고 나니 옷섶이 눈물에 젖어 있네.

1) 샹양 루먼산(鹿门山)의 몐수이(沔水)에 있는 모래톱.
2) 양호(羊祜)는 맹호연보다 400여 년 전 진(晋)나라 초기의 사람으로 샹양에 주둔할 때 뛰어난 치적으로 민심을 얻음. 그가 죽은 뒤 샹양 백성들이 그를 기리는 비석을 세움.

▶ 맹호연은 인생의 절반을 샹양성(襄阳城) 남쪽 셴산(岘山)의 젠난원(涧南园)에서 지냄. 벼슬자리를 구했으나 얻지 못해 상심하던 중 몇몇 친구들과 셴산에 올라갔다가 양공비(羊公碑)에 참배하고, 세월이 흘러도 잊히지 않는 양호의 업적과 허망하게 시간만 죽이고 있는 자신을 비교하여 이 시를 씀.

* * *

清明日宴梅道士房

林卧愁春尽, 开轩览物华。
忽逢青鸟使, 邀入赤松家。
金灶初开火, 仙桃正发花。
童颜若可驻, 何惜醉流霞。

청명절(清明日) 매(梅) 도사의 산방

숲속에 있으면 봄날 지나는 것이 아쉽고
휘장을 젖히면 만물 아름다운 것이 보이네.
뜻밖에 파랑새[1]가 소식을 전해주어
적송자(赤松子)[2]의 집을 찾게 되었네.
신선의 부뚜막에서는 불이 지펴지고
바깥 복숭아나무에는 꽃이 만발하다.
젊음을 영원히 간직할 수 있다면야
유하주(流霞酒)[3] 실컷 마셔 취해 봄이 어떠랴.

1) 서왕모(西王母)가 한 무제(汉武帝)를 보고 싶어 파랑새를 보냈다는 전설에서 파랑새는 소식 전달자를 뜻하게 됨. 매 도사가 사람을 보내 연회에 초대했다는 의미.
2) 신농(神农)씨 때 비를 관장하던 신선. 매 도사를 지칭.
3) 달 근처 신선들이 마시는 술. 한번 마시면 몇 달 동안 배가 고프지 않음. 매 도사가 내어 온 술을 가리킴.

▶맹호연이 샹양에 은거하고 있을 때 어느 청명절 매 도사의 연회에 참석하여 쓴 시.

* * *

岁暮归南山

北阙休上书, 南山归敝庐。
不才明主弃, 多病故人疏。

白发催年老, 青阳逼岁除。
永怀愁不寐, 松月夜窗虚。

그믐날 남산으로 돌아가

황궁 북쪽 문루(北闕)[1]에서 상소 쓰는 일 접고
중난산 허물어진 오두막으로 돌아가네.
재주가 부족하니 성군께서 써주지 않고
일이 풀리지 않으니 친구들도 뜸해지네.
백발은 세월을 재촉하여 노쇠하게 되고
섣달그믐 다가와 이미 봄날이 가깝구나.
마음속 깊은 시름으로 잠 못 이루는 밤
달빛에 소나무 그늘진 창문 쓸쓸하여라.

1) 한나라 때 상소문 정리와 군신 간 알현이 황궁의 북쪽 문루에서 시행됨. 이후 조정의 별칭이 됨.

▶ 개원 16년(728년) 맹호연은 40세의 나이에 장안에서 진사 시험에 응시하였다가 낙방함. 그는 이미 왕유, 장구령이 인정할 만큼 문명을 떨치고 있었기 때문에 낙담의 정도가 매우 컸음. 황제에게 직접 상소를 해볼까 어쩔까 마음을 정하지 못하고 있는 상황에서 이 시를 씀.

* * *

过故人庄

故人具鸡黍, 邀我至田家。
绿树村边合, 青山郭外斜。
开轩面场圃, 把酒话桑麻。
待到重阳日, 还来就菊花。

친구의 시골집

친구가 닭을 잡고 기장밥을 지어
시골집으로 나를 초대하였다.
푸른 숲이 마을을 감싸고
바깥쪽은 청산 기슭에 접하였구나.
창문 열고 타작마당 채소밭 마주하여
농사 이야기 안주 삼아 잔을 나누었네.
중양절(重阳日) 돌아오기를 기다렸다
다시 와서 국화에 취하도록 하세.[1]

1) 음력 9월 9일 중양절이 되면 높은 곳으로 올라가 국화를 감상하며 국화주를 마시는 풍습이 있었음.

▶ 맹호연이 루먼산(鹿门山)에 은거할 때 농사짓고 사는 친구의 집을 방문하고 쓴 시. 시골 생활의 모습을 한 폭의 풍경화처럼 담담하게 그려내어 중국 전원시의 걸작으로 평가됨.

***

秦中感秋寄远上人

一丘常欲卧, 三径苦无资。
北土非吾愿, 东林怀我师。
黄金燃桂尽, 壮志逐年衰。
日夕凉风至, 闻蝉但益悲。

원(远) 스님에게 보낸 장안의 가을 느낌

산림으로 돌아가고 싶은 마음 굴뚝같으나
쪼들려 살다 보니 선뜻 나서지 못한답니다.
장안에 머무는 것 원래 바라던 바 아니요
스승님 계신 동림(东林)[1]이 너무 그립습니다.
가진 돈은 마른 장작처럼 다 타 버리고
가슴속 품은 뜻 세월 따라 사그라듭니다.
황혼 녘에 부는 서늘한 바람과
들려오는 매미소리가 처량함을 더합니다.

1) 동진(东晋)의 고승 혜원(慧远)이 수도하던 루산(庐山)의 절. 여기서는 원 스님이 있는 절을 상징.

▶ 727년부터 729년 사이 맹호연이 과거 시험을 위해 상경했다

낙방한 뒤 귀향하지 않고 장안에 머물다 가을이 되어 그의 심정을 시로 써서 원 스님에게 보냄.

***

宿桐庐江寄广陵旧游

山暝听猿愁, 沧江急夜流。
风鸣两岸叶, 月照一孤舟。
建德非吾土, 维扬忆旧游。
还将两行泪, 遥寄海西头。

퉁루강(桐庐江)에서 광링(广陵) 친구에게

산속에 어둠이 찾아와 원숭이 울음 처량하고
짙푸른 강은 밤길을 서두른다.
바람이 불어 양안의 나뭇잎들 소란한데
달빛 아래 배 한 척 홀로 떠 있네.
젠더(建德)[1]는 내 고향이 아니라
오로지 양저우 옛 친구가 그리워질 뿐.
도리 없이 흐르는 두 줄기 눈물
멀리 바다 서쪽 가장자리(海西头)[2]까지 보내리라.

1) 저장성 젠더현(建德县) 일대.

2) 옛날 양저우의 지경이 넓어 동쪽이 바다에 접했다고 하여 붙은 별칭.

▶ 맹호연이 과거에 낙방한 뒤 심기일전하고자 장화이(江淮) 지역을 유람할 때 퉁루강(桐庐江)에서 숙박하면서 양저우(扬州)의 오랜 친구를 그리워하며 쓴 시. 퉁루강은 저장성 퉁루현(桐庐县) 경계에 있는 강.

* * *

留別王侍御维

寂寂竟何待, 朝朝空自归。
欲寻芳草去, 惜与故人违。
当路谁相假, 知音世所稀。
只应守索寞, 还掩故园扉。

왕유와의 이별 시

찾는 이 없는 쓸쓸한 집, 기다려 무엇 하랴
아침마다 문을 나섰다 외로이 돌아오네.
녹음방초 우거진 곳에 돌아가고자 하니
친구와의 헤어짐이 너무나 아쉽구나.
권세 가진 자 중 누구와 이야기 하나
재능 알아주는 이가 이렇게 드무니

적막한 생활 받아들이고 사는 수밖에
옛집으로 돌아가 문 뒤에 숨어 지내리라.

▶ 맹호연은 진사 시험에서 낙방하고 샹양(襄阳)으로 돌아가면서 왕유와의 이별을 아쉬워하며 이 시를 써줌.

* * *

早寒江上有怀

木落雁南度, 北风江上寒。
我家襄水曲, 遥隔楚云端。
乡泪客中尽, 孤帆天际看。
迷津欲有问, 平海夕漫漫。

차가운 강물 위에서

나뭇잎 떨어지니 기러기는 남으로 가고
강 위로 북풍이 불어 유달리 추워진다.
샹수이(襄水)[1] 굽이쳐 흐르는 곳 내 고향
멀리 초나라 하늘, 구름 아래 끝자락이라.
떠돌이 신세, 그리움에 지쳐 눈물도 말랐는데
고향 가는 배는 느릿느릿 하늘 가를 떠도네.
안개 자욱한 강 나루터는 어디 있나[2]

황혼 녘, 바다 같은 강은 끝이 보이지 않네.

1) 한수이(汉水)가 후베이 샹양(襄阳)을 경유하여 흐르는 지역.
2) 공자가 강을 건너기 위해 자로(子路)에게 나루터를 찾게 했다는 고사의 인용. 은자인 장저(长沮)와 걸닉(桀溺)은 나루터는 가르쳐주지 않고 자신을 써줄 곳을 찾아 동분서주하는 공자를 조소함. 자신의 관직을 구하고자 하는 마음과 귀향하고픈 마음의 내적 갈등을 비유.

▶ 맹호연은 현종 개원 15년(727년)에 창강 유역을 유람하고, 729년에서 733년 사이에 재차 오, 월 지역을 유람함. 이 시는 창강을 유람하던 어느 가을에 씀.

유장경(刘长卿:718~790年)

 자는 문방(文房)이며 천보(天宝) 연간에 진사 급제. 감찰어사(监察御史) 등 여러 직책을 역임하였으나 강직한 성격으로 인해 두 차례나 좌천을 당함. 덕종 건중(建中) 연간에 쑤이저우 자사(随州刺史)를 끝으로 관직 생활을 마감하여 유수주(刘随州)라고도 불림. 오언시에 능하여 스스로 오언장성(五言长城)이라고 칭함.

秋日登吴公台上寺远眺

古台摇落后, 秋入望乡心。
野寺来人少, 云峰隔水深。
夕阳依旧垒, 寒磬满空林。
惆怅南朝事, 长江独自今。

어느 가을의 오공대(吳公台)

무너진 옛 노대에 나뭇잎 떨어지는
가을이 되어 고향 생각 간절하다.
찾는 이 없는 외딴 절에 들렀더니
깊은 강물 너머 자욱한 구름 봉우리.

저녁 햇살도 옛 요새를 아쉬워하고
벌거벗은 숲엔 쓸쓸한 경쇠(磬)[1] 소리 가득하네.
남조시대 생각하면 울적해질 뿐이라
창강 홀로 예나 지금이 다름없네.

1) 부처 앞에 절하면서 흔드는 구리로 만든 바리때 모양의 종(鐘).

▶유장경은 뤄양에 거주하다 안사의 난 때 뤄양이 반군의 손에 떨어지자 장쑤 양저우로 도망. 어느 가을날 오공대에 올라 이 시를 씀. 오공대는 장쑤성 장더우현(江都县)에 있던 노대(弩台)로 남조시대 심경지(沈庆之)가 세우고 진(陈)나라 장수 오명철(吴明彻)이 중수하였음.

***

送李中丞之襄州

流落征南将, 曾驱十万师。
罢归无旧业, 老去恋明时。
独立三边静, 轻生一剑知。
茫茫江汉上, 日暮欲何之。

이 중승(李中丞)을 보내며

타향 길을 떠도는 남벌 장군의 신세
한때 십만 군사를 호령하였거늘
파면되고 돌아갈 집엔 때거리가 없으니
늙고 버려져도 쓰임 받던 그 시절 그립구나.
홀로 서서 세 곳 변경(三边)[1]을 평정하고
한 자루 칼만 알아 목숨을 아끼지 않았지.
망망한 한강 위 정처 없이 왔다 갔다
해 저무는 저녁 어디로 가려 하오?

1) 한나라 때의 유저우(幽州), 빙저우(幷州), 량저우(凉州). 이후 변경을 통칭하는 용어가 됨.

▶ 안사의 난이 평정되고 얼마 되지 않았을 때, 관직에서 파면되고 말년에 불우한 처지를 당한 이 중승을 안타까워하며 쓴 시. 이 중승이 누구인지는 알려지지 않으며, 중승은 어사중승(御史中丞)의 약칭.

* * *

饯别王十一南游

望君烟水阔, 挥手泪沾巾。
飞鸟没何处, 青山空向人。
长江一帆远, 落日五湖春。
谁见汀洲上, 相思愁白蘋。

왕십일(王十一)을 송별하다

그대 광활한 강 안갯속으로 사라져 갈 때
손 흔들며 흘린 눈물에 수건이 축축하네.
나는 새 어디로 가는지 알 수 없건만
청산만 우두커니 사람과 마주하였네.
한 척 돛단배 창강 따라 흘러가면
해 질 무렵 우호(五湖)[1]에서 봄 경치 즐기겠지.
강 언덕에서 하얀 마름꽃 바라보는
이 아픈 가슴 알아줄 이 어디 있나.

1) 우호(五湖) : 타이호(太湖)의 옛 이름. 타이호는 창강 삼각주 남쪽에 있는 중국에서 3번째로 큰 담수호. 북쪽으로 우시(无锡), 남쪽으로 후저우(湖州), 서쪽으로는 이싱(宜兴), 동쪽으로는 쑤저우와 접해 있음.

▶ 친구를 보내고 난 뒤의 쓸쓸한 감정을 노래한 시. 친구 왕십일에 대해서는 알려진 바가 없음.

* * *

尋南溪常山道人隱居

一路經行處, 莓苔見履痕。
白雲依靜渚, 春草閉閑門。

过雨看松色, 随山到水源。
溪花与禅意, 相对亦忘言。

상산 도인(常山道人)을 찾아

곧장 걸어서 지나가는 숲속으로
발자국 흔적 남은 푸른 이끼 오솔길
하천 작은 섬에 기대어 있는 흰 구름
봄날 풀들이 빈집 문을 휘감았네.
비 지나간 뒤 소나무 숲 푸른빛
산길 따라 물 시작하는 곳에 찾아갔었네.
냇가 꽃에서 느낀 깨달음의 경지[1]
물끄러미 바라보며 할 말을 잊었다.[2]

1) "부처가 꽃을 드니 가엽(迦叶)이 웃었다"라는 이심전심 깨달음의 경지.
2) "원리를 터득하면 설명할 말이 필요 없다"라는 도가(道家)의 경지.

▶ 대종 대력(766~779년) 연간은 시대적인 좌절에서 도피하여 감상적이면서도 소박한 정신세계를 추구하는 시풍의 시기였음. 이 시는 당시의 분위기를 잘 반영하고 있는 작품. 총총걸음으로 산중 도사를 찾아갔으나 마침 부재중이라 근처를 찾아보던 중 내면적 깨달음과 만족을 얻게 되는 과정을 서술.

新年作

乡心新岁切, 天畔独潸然。
老至居人下, 春归在客先。
岭猿同旦暮, 江柳共风烟。
已似长沙傅, 从今又几年。

신년 소회

새해가 되니 고향 생각 더욱 간절하여
하늘가 외로이 눈물 흘리지 않을 수 없네.
나이 들어 오지 말단으로 쫓겨 왔거늘
봄이 저 먼저 고향길을 서두는구나.
아침저녁 산속 원숭이들과 함께하며
강변 버드나무와 바람결 안개를 나눈다네.
이미 장사부(长沙傅)와 같은 꼴이 되었으니[1]
앞으로 몇 년이나 더 버텨야 하나.

1) 참소를 받아 장사왕 태부(长沙王太傅)로 좌천되었던 가의(贾谊)에 자신을 비유. 가의(B.C 200~168년)는 서한 초기의 정치가이면서 문학가. 장사왕(长沙王)은 창사 지역의 분봉왕.

▶ 숙종 지덕 3년(758년) 봄, 유장경은 참소를 당해 쑤저우 창저우위(长洲尉)에서 판저우(潘州, 지금의 광둥성 마오밍시茂名市) 난바위(南巴尉)로 좌천됨. 이 시는 판저우로 좌천된 이듬해 새해 소회를 토로한 작품.

전기(钱起 : 722?~780年)

자는 중문(仲文)이며 우싱(吴兴, 저장성 후저우시湖州市) 사람. 현종 천보 10년(751년)에 진사 급제하여 란톈위(蓝田尉)를 역임하고 고공랑중(考功郎中)까지 지냄. 오언시에 능하였고 송별시를 많이 씀. '대력 10대 재사(大历十才子)'의 한 사람이며 전고공집(钱考功集)이 전함.

'대력 십대 재사'는 대력 연간 시가(诗歌)의 형식적 기교에 치중했던 유파 열 명(이단李端, 노윤卢纶, 길중부吉中孚, 한굉韩翃, 전기钱起, 사공서司空曙, 묘발苗发, 최동崔洞, 경위耿湋, 하후심夏侯审)을 일컬음.

送僧归日本

上国随缘住, 来途若梦行。
浮天沧海远, 去世法舟轻。
水月通禅寂, 鱼龙听梵声。
惟怜一灯影, 万里眼中明。

일본으로 돌아가는 스님

인연이 닿아 중국까지 오신 걸음

오는 길 멀고 험해 꿈 속인 듯하였겠소.
넓고 푸른 바다 끝에는 하늘이 떠 있고
중국 떠난 법선(法船)[1], 가는 길 순탄하소서.
고요하고 흔들림 없는 수월(水月)[2]의 경지
어용(鱼龙)도 스님의 독경에 귀 기울이겠죠.
아름다운 등불 하나 빛을 비추니
일만 리 바닷길, 환한 광명 눈 안에 있습니다.

1) 불법(佛法)의 보호를 받는 배. 고명한 스님이 타고 있어 돌아가는 길이 순탄하리라는 바람을 나타냄.
2) 스님의 인품이 물에 비친 달과 같이 깨끗하고 고상함을 표현하는 불교 용어.

▶ 당나라 때 일본에서는 적지 않은 견당사(遣唐使)를 보내어 문화, 예술, 불법(佛法)을 배워 감. 이 시는 시인이 장안에 있을 때 일본에 귀국하는 스님에게 써준 시.

* * *

谷口书斋寄杨补阙

泉壑带茅茨, 云霞生薜帷。
竹怜新雨后, 山爱夕阳时。
闲鹭栖常早, 秋花落更迟。
家僮扫萝径, 昨与故人期。

구커우(谷口)[1] 서재에서 양 보궐(杨补阙)[2]을 기다림

샘물과 골짜기는 초가집을 둘러싸고
꽃구름이 왕모람 담벼락과 어우러진다.
대나무는 이른 봄비를 즐거워하고
산들은 석양 지는 때를 사랑하네.
한가한 해오라기 일찌감치 잠자리에 들고
가을꽃은 떨어짐을 머뭇거리네.
하인이 덤불 덮인 오솔길을 청소함은
이전에 오리라 약속했던 친구를 기다림이라.

1) 지금의 산시 춘화(陝西淳化) 서북쪽.
2) 보궐(补阙)은 황제에 대한 간언을 담당하던 관직이며 양 보궐에 대해서는 알려진 바 없음.

▶ 이 시는 친구의 방문을 요청하는 내용으로 작자가 진사 급제 전에 란텐에서 힘들게 공부하던 시절에 쓴 것으로 보이나 구체적인 내용은 알려진 바가 없음. 이 시의 가장 큰 특징은 물, 구름, 대나무, 산, 해오라기, 꽃을 의인화하여 자신이 거처하는 서재의 풍경을 묘사한 것임.

위응물(韦应物 : 737~792年)

淮上喜会梁川故友

江汉曾为客, 相逢每醉还。
浮云一别后, 流水十年间。
欢笑情如旧, 萧疏鬓已斑。
何因北归去, 淮上对秋山。

화이상에서 량촨(梁川) 친구와의 재회

장한(江汉)에서는 번갈아 손님이 되어
만날 때마다 취해서야 집으로 돌아갔지.
헤어진 뒤 뜬구름처럼 떠돌다가
세월이 물같이 흘러 잠깐 새 십 년일세.
웃고 떠드는 것 옛날과 한 가지나
성긴 머리칼은 이미 희끗희끗하구나.
어찌하여 벗과 함께 돌아가지 못할까
화이수이에 가을 산이 마주하였음이라.

▶ 화이상(지금의 장쑤 화이인江苏淮阴 일대)에서 10년 전 량저우 장한(梁州江汉)에서 교류하던 옛 친구를 만나고 쓴 시. 량촨은 싱위안부(兴元府, 지금의 산시 한중시陕西汉中市)이며 장한은 창강

과 한수이(汉水)의 약칭.

***

賦得暮雨送李冑

楚江微雨里, 建业暮钟时。
漠漠帆来重, 冥冥鸟去迟。
海门深不见, 浦树远含滋。
相送情无限, 沾襟比散丝。

저녁 비 맞으며 이주(李冑)를 보내다

이슬비 흩날리는 초강(楚江)¹⁾ 강변
마침 젠예(建业)²⁾의 저녁 종소리 울릴 때였네.
짙은 비안개 속을 오는 배, 돛이 무겁고
어두운 하늘을 나는 새, 날갯짓이 힘들구나.
강의 끝 하이먼(海门)³⁾은 눈에 보이지 않고
멀리 강변 나무는 물을 머금어 무성하네.
친구를 보내는 정 끝이 없으니
옷깃 적시는 눈물 내리는 빗줄기 같아라.

1) 발원지부터 바다에 흘러 들어가는 곳까지 초나라 영토와 접해 있어 붙은 창강의 별명.

2) 난징의 옛 이름으로 삼국시대 오나라의 수도였음.
3) 장쑤성 난퉁시 하이먼구(南通市海门区). 창강이 끝나고 바다가 시작됨.

▶ 이주라는 친구와 작별하며 쓴 시. 풍경의 묘사를 통해 석별의 정을 표현.

한홍(韩翃: ?~약 785年)

자는 군평(君平)이며 허난 난양(南阳) 사람. 754년(현종 천보 13년) 진사 급제. 762년(숙종 보응 원년) 쯔칭(淄青) 절도사 막부에서 일하다 10년여 벼슬 없이 지냄. 건중(建中, 780~783) 초 덕종이 그가 쓴 '봄이 온 성에 꽃잎 날리지 않는 곳 없다(春城无处不飞花)'를 읽고 발탁한 뒤 중서사인(中书舍人)까지 지냄. '대력 10대 재사'중의 한 명으로 송별시를 많이 씀. 전당시(全唐诗)에 시 3권이 수록됨.

酬程近秋夜即事见赠

长簟迎风早, 空城澹月华。
星河秋一雁, 砧杵夜千家。
节候看应晚, 心期卧亦赊。
向来吟秀句, 不觉已鸣鸦。

정근(程近)에 답하다

대나무에 부는 바람 어느새 서늘하고
고즈넉한 성에는 담담한 달빛 가득하다.
은하수를 날아가는 기러기 한 마리

집마다 한밤중의 다듬잇방망이 소리.
계절은 빨리도 변해 어느덧 늦가을이라
드러누워 마음의 소원 헛됨을 깨달았네.
아름다운 구절을 읽고 또 읽다 보니
날이 밝아 까마귀 우는 줄도 몰랐다오.

▶ 깊은 가을 와병 중 즉흥시 '추야즉사(秋夜即事)'를 써 준 친구 정근에게 보내는 답 시.

유신허(刘眘虚 : 생몰연대 미상)

강동(江东 : 창강 동쪽 지역) 출신. 현종 개원(713~741년) 때 진사 급제하여 샤현 현령(夏县县令)을 지냄. 어릴 때부터 문장에 뛰어나 하지장(贺知章), 포융(包融), 장욱(张旭)과 더불어 오중사우(吴中四友)로 불림. 작품의 대부분이 소실되고 15수가 전함.

阙题

道由白云尽, 春与青溪长。
时有落花至, 远闻流水香。
闲门向山路, 深柳读书堂。
幽映每白日, 清辉照衣裳。

결제(缺题)

흰 구름 끝나는 곳에 길이 시작되고
푸른 계곡 봄기운은 어디서 멈추는가.
시시때때로 꽃 이파리 떨어져 머무는 곳
저 멀리서 풍겨오는 흐르는 물 꽃 내음.
한가로운 사립문이 산길을 마주하며

우거진 버들 숲에 서재 한 채 서 있구나.
조용한 그늘 사이로 햇빛이 비치면
그윽한 햇살이 입은 옷을 감싼다네.

▶ 원래의 제목은 소실되고 당나라 때 은번(殷璠)이 '전국의 명시선집(河岳英靈集)'을 편찬할 때 '제목을 상실하였다'는 의미의 '궐제(闕題)'라고 명명함.

대숙윤(戴叔伦 : 732~789年)

자는 유공(幼公)이며 진탄(金坛, 장쑤성 소재) 출신. 푸저우(抚州) 자사와 용관경략사(容管经略使)를 역임. 은둔생활의 한적한 정취를 나타낸 시를 많이 썼으나 상당 부분이 소실되고 전당시(全唐诗)에 2권이 전함.

客夜与故人偶集

天秋月又满, 城阙夜千重。
还作江南会, 翻疑梦里逢。
风枝惊暗鹊, 露草泣寒蛩。
羁旅长堪醉, 相留畏晓钟。

객잔에서 만난 옛 친구

하늘 위엔 그득한 가을 달 다시 뜨고
온 성은 깊은 밤에 빠져 있네.
이렇게 강남(江南)에서 만날 줄이야
혹시 꿈이라도 꾸고 있는 건가.
가지에 부는 바람, 까치가 놀라고
이슬 젖은 풀, 가을벌레 흐느끼네.

고단한 타향살이 한잔 술로 달래면서
주거니 받거니 새벽종 야속하다.

▶ 시인은 강남(江南 : 장쑤성, 안후이성의 남부와 저장성 북부 지역)에서 근무할 때 일의 성격상 외근이 잦았음. 가을밤 어느 여관에서 우연히 오랫동안 헤어졌던 고향 친구를 만나, 반가운 심정과 곧 헤어져야 하는 아쉬움을 토로함.

노윤(卢纶 : 739~799年)

자는 윤언(允言)이며 허중 푸현(河中蒲县, 산둥 소재) 사람. 현종 천보 말년에 진사에 응시하였다가 낙방하고 대종 때 다시 도전하였으나 또 떨어짐. 대력 6년(771년) 재상 원재(元载)의 추천으로 원샹위(阌乡尉)에 임명되고 이후 재상 왕진(王缙)의 추천으로 집현학사(集贤学士), 감찰어사(监察御史) 등을 역임. 이후 원재, 왕진이 죄를 입을 때 연루되었다가, 덕종 때 복귀. 노호부 시집(卢户部诗集)을 남김.

李端公

故关衰草遍, 离别正堪悲。
路出寒云外, 人归暮雪时。
少孤为客早, 多难识君迟。
掩泣空相向, 风尘何所期?

이단(李端)과의 이별

고향 땅 여기저기 시든 풀잎이 뒤덮을 때
친구와의 헤어짐은 더없이 쓸쓸하였네.
떠나는 길은 차가운 구름 너머로 이어지고

돌아올 땐 하필 저녁 눈이 흩날렸었지.
어려서 부모 잃고 타향을 떠도는 신세
난리 통 겪는 중 우리 알게 됨이 너무 늦었네.
돌아보니 친구는 없고 애써 눈물을 감추니
이 풍진(风尘) 세상 다시 만날 날은 언제일까.

▶ 노윤과 이단은 둘 다 '대력 십대 재사(大历十才子)'에 속하며 젊어서 안사의 난을 당해 유랑 생활을 하다 친분을 맺게 됨. 시에서 엄동설한 가운데 친구를 전송하는 모습을 통하여 둘 간의 깊은 우정을 묘사함.

이익(李益:748~829年)

자는 군우(君虞)이며 룽시 구짱(陇西姑臧, 지금의 간쑤 우웨이甘肃武威) 사람. 769년 진사 급제하고 783년 서판발췌과(书判拔萃科)에 합격하였으나 벼슬을 하지 못하고 연, 조(燕赵) 지역을 유랑. 이후 예부상서(礼部尚书)를 지냄. 칠언절구와 변방시로 이름이 높음. 이익집(李益集) 두 권과 이군우 시집(李君虞诗集) 두 권이 전함.

喜见外弟又言别

十年离乱后, 长大一相逢。
问姓惊初见, 称名忆旧容。
别来沧海事, 语罢暮天钟。
明日巴陵道, 秋山又几重。

외사촌과의 우연한 만남, 그리고 이별

난리 통에 헤어진 지 어느덧 십 년
오늘 우연히 만나고 보니 벌써 어른이로구나.
초면에 성을 묻고 살짝 놀라고
이름을 듣고는 옛 모습이 떠올랐네.

헤어지고 겪은 상전벽해의 사연
이야기에 열중하다 저녁 종 치고서야 멈췄네.
날이 새면 떠나야 할 바링(巴陵)[1] 가는 길
가을 산 몇 개를 넘어야 있는 곳인가!

1) 웨저우(岳州, 지금의 후난성 웨양시岳阳市)

▶ 현종 천보 14년(755년)에 일어난 안사의 난은 대종 광덕 원년(763년)에야 수습되었으나 연이어 투루판, 위구르의 침략과 각 번진의 빈번한 반란이 뒤따름. 순종 영정 원년(785년)에야 30년간의 크고 작은 전쟁이 마무리됨. 이 시는 안사의 난 이후 번진 할거의 시기, 이러한 사회적 혼란상을 배경으로 하고 있음.

사공서(司空曙 : 생몰연대 미상)

자는 문명(文明)이며 광핑(广平, 허베이성 융녠현永年县 동남쪽) 사람. 진사 급제후 젠난(剑南) 절도사 위고(韦皋)의 막부에서 일하였고 뤄양 주부 등을 역임. '대력 십 대 재사(大历十才子)'중 한 사람. 자연경관과 고향 생각을 소재로 많은 시를 썼고 오언율시에 능하였음. 사공문명 시집(司空文明诗集)이 전하고 전당시(全唐诗)에 시 2권이 수록됨.

云阳馆与韩绅宿别

故人江海别, 几度隔山川。
乍见翻疑梦, 相悲各问年。
孤灯寒照雨, 深竹暗浮烟。
更有明朝恨, 离杯惜共传。

윈양관(云阳馆)에서 한신(韩绅)과의 이별 전야

세상 끝과 끝으로 헤어졌던 옛 친구
산 넘고 물 건너 도대체 몇 년이나 흘렀나.
이렇게 돌연 만나다니 꿈인가 생시인가
서로 몇 살이나 먹었나 물어보며 탄식했지.

등불 하나 차가운 빗줄기를 비추고
캄캄한 대나무 숲엔 안개 자욱이 드리웠네.
날이 새면 아픈 마음 더하리니
함께 드는 작별의 잔 아쉽기만 하여라.

▶ 오랫동안 헤어졌던 친구를 우연히 만났다 다시 헤어지는 과정에서 느끼는 심적 변화를 잘 묘사한 시. 원양은 산시 징양현(陕西泾阳县) 서북쪽에 있던 현 이름이며 한유(韩愈)의 넷째 숙부 한승경(韩升卿)으로 추정되는 한신은 이 시기에 징양 현령(泾阳县令)으로 부임.

* * *

喜外弟卢纶见宿

静夜四无邻, 荒居旧业贫。
雨中黄叶树, 灯下白头人。
以我独沉久, 愧君相见频。
平生自有分, 况是蔡家亲。

뜻밖에 외사촌 노윤(卢纶)이 자러 오다

적막한 밤 사방에 인가라고는 없는
황량한 벌판에 살며 살림살이도 궁색한데

빗속에 위태한 누런 나뭇잎들은
등불 아래 백발 성성한 늙은이 같아라.
너무 오래 홀로 쓸쓸하게 지내다 보니
염치없게 자네가 자주 와 주길 바라게 되네.
우리 원래 평생에 걸친 인연이거늘
하물며 외사촌 사이(蔡家亲)이니 말해 무엇하랴.

▶ 사공서와 노윤은 외사촌 간이면서 '대력 십 대 재사'에 속할 정도로 시가(诗歌)에 능통하였음. 이 시의 마지막 구에 자신들의 관계를 양호(羊祜)와 채옹(蔡邕)에 비유하여 시인으로서의 유대감과 외사촌 간의 깊은 우애를 표현. 당 재사전(唐才子传)에서 사공서를 "용모가 준수하고 재능이 특출하나 성품이 강직하여 부귀 권세에 상관하지 않았다"라고 평함. 이 시에서 그의 순탄치 않은 벼슬길과 어려운 가계 사정이 잘 드러남.

* * *

贼平后送人北归

世乱同南去，时清独北还。
他乡生白发，旧国见青山。
晓月过残垒，繁星宿故关。
寒禽与衰草，处处伴愁颜。

난리 후 귀향하는 친구

전란이 발생하여 같이 남쪽으로 왔다가
시국이 안정되니 자네 혼자 돌아가는군.
고달픈 타향살이 머리는 하얗게 변하였어도
고향에선 여전히 푸른 산을 볼 수 있으리.
새벽 달빛 가운데 무너진 성채를 지나며
무수한 별을 이고 옛 요새에서 잠을 청하겠지.
추위에 떠는 새들과 시들어 버린 풀잎들만
그대 가는 곳곳에서 초췌한 얼굴 맞이할 걸세.

▶ 안사의 난은 현종 천보 14년(755년)에 일어나 8년간 지속되면서 많은 백성들을 유리방황하게 함. 대종 광덕 원년(763년) 정월 반군 수령 사조의(史朝义)는 패잔병들을 인솔하여 판양(范阳)으로 도주하였다가 결국 목을 매어 자살함. 사공서의 고향은 광핑(广平, 허베이 혹은 베이징으로 추정)으로 반란의 피해가 가장 극심하였던 곳. 반란이 진압된 후 귀향하는 친구를 전송하며 이 시를 씀. 사공서가 남방에 남은 이유는 알 수 없음.

유우석(刘禹锡 : 772~842年)

자는 몽득(梦得)이며, 허난 정저우 싱양(郑州荥阳)에서 태어남. 덕종 정원 9년(德宗贞元, 794년) 진사 급제하여 태자교수(太子校书)가 됨. 절도사 두우(杜佑)의 막부에서 근무하면서 신임을 얻어 두우가 재상에 오르자 감찰어사(监察御史)가 됨. 정원 말년(805년) 왕숙문(王叔文)을 수장으로 하는 이왕팔사마(二王八司马)라는 정치집단에 가입. 순종(顺宗)이 즉위한 후 영정 혁신(永贞革新)을 추진하였다가 실패하고 여러 차례 귀양을 감.

시문이 아름답고 시 소재가 광범위하여 유종원과 더불어 유유(刘柳), 위응물·백거이와 더불어 삼걸(三杰) 또는 백거이와 함께 유백(刘白)이라고 불림. 유몽득 문집(刘梦得文集)과 유빈객집(刘宾客集)을 남김.

蜀先主庙

天下英雄气, 千秋尚凛然。
势分三足鼎, 业复五铢钱。
得相能开国, 生儿不象贤。
凄凉蜀故妓, 来舞魏宫前。

촉 선주(蜀先主)의 사당에서

영웅의 기개는 천하를 채우고
세월이 흘러도 늠름함은 변함이 없네.
천하를 삼분하여 세력균형을 만들고
오수전(五铢钱)[1] 한실(汉室) 부흥을 이루었네.
재상 제갈량을 얻어 나라를 세웠건만
아들은 그 현명함을 닮지 못했네.
참담하구나, 촉(蜀)의 무희들이여
위나라 궁전으로 끌려와 춤을 추어야 했다네.[2]

1) BC 118년(한 무제 원수 5년)에 발행했던 동전. 왕망(王莽)이 신(新)나라를 세우고 폐지했던 것을 동한 초기 광무제(光武帝)가 다시 발행. 한왕조의 부흥을 의미.
2) 유선(刘禅)이 위나라에 항복한 후 뤄양으로 끌려가 안락공(安乐公)으로 봉해짐. 위의 태위(魏太尉) 사마소(司马昭)가 연회 중에 촉나라의 무희들에게 춤을 추게 하자 주위 모든 사람이 비통해하였으나 유선은 웃고 즐거워하였음.

▶ 촉 선주의 사당은 쿠이저우(夔州, 지금의 충칭시 펑제현奉节县 동쪽) 바이디산(白帝山)에 있음. 유우석이 목종 장경 원년(穆宗长庆, 821년)부터 4년간 쿠이저우 자사로 재직하던 시기에 이 시를 써서 옛날을 회고하며 당 시대를 풍자함. 날로 쇠퇴하는 국운에도 불구하고 용렬한 집권자들이 혁신 세력을 몰아내고 핍박하는 상황을 빗대어 표현.

장적(张籍 : 약 767~830年)

　자는 문창(文昌)이며 허저우(和州, 지금의 안후이 허현和县) 사람. 덕종 정원(785~805년) 때 진사 급제하고 헌종 원화(806~820년) 초기에 태상사태축(太常寺太祝)으로 임명되었으며 최종 관직은 국자사업(国子司业)에 이름. 그의 시는 사회적 모순과 백성들의 고통을 반영한 것이 많음. 원진(元稹)과 백거이가 주창한 신 악부 운동을 적극적으로 지지. 왕건(王建)과 더불어 악부에 정통하여 장왕악부(张王乐府)로 불림. 장사업집(张司业集)이 전함.

没蕃故人

前年戍月支, 城下没全师。
蕃汉断消息, 死生长别离。
无人收废帐, 归马识残旗。
欲祭疑君在, 天涯哭此时。

투루판에 잡혀간 친구

　작년 월지(月支)¹⁾를 정벌하러 나선 군대가
성 아래에서 전멸을 당하였네.
투루판과 당 사이에 소식이 끊기어

살았던 죽었던 영원한 이별이라.
버려진 막사는 수습할 사람조차 없고
말들만 깃발을 알아보고 도망쳐 왔네.
제사를 지내고자 하나 혹시 살아 있을까
아득히 바라보며 목놓아 울 수밖에.

1) 661년(고종 용삭 원년) 토하리스탄 경내 아완성(阿緩城)에 설치하였던 탕지미 도독부(唐羈縻都督府)의 이름. 아프가니스탄 동북부 쿤두즈주 부근에 위치하였다 8세기 중엽 아랍제국의 동진으로 폐지됨.

백거이(白居易 : 772~846年)

賦得古原草送別

离离原上草, 一岁一枯荣。
野火烧不尽, 春风吹又生。
远芳侵古道, 晴翠接荒城。
又送王孙去, 萋萋满别情。

초원에서 친구와 작별하다

초원을 빽빽하게 뒤덮은 잡초
매년 한 번씩 무성했다가 시들곤 하네.
맹렬한 들불이 깡그리 태워버려도
봄바람 한 번에 싹이 트기 시작하면
풀 내음 멀리 퍼져 옛길을 침범하고
그 푸르름은 허물어진 성에 다다르네.
여기서 또 친구를 보내야 하리니
무성한 풀숲에 석별의 정 가득하다.

▶ 이 시는 786년(덕종 정원 2년) 또는 787년에 백거이가 과거 응시를 준비하면서 쓴 습작으로, 그의 이름이 세상에 알려지게 된 계기가 됨.

두목(杜牧 : 803~853年)

자는 목지(牧之), 호는 번천(樊川)이며 징자오 완녠(京兆万年, 지금의 산시 시안陝西西安) 사람. 828년(문종 태화 2년) 진사 급제. 오랜 기간 외지에서 참모 생활을 하였으며 감찰어사(监察御史) 및 항저우(黄州)·츠저우(池州)·무저우(睦州) 자사를 역임. 풍경에 서정을 담은 시가 많고 칠언절구에 뛰어남. 이상은(李商隐)과 더불어 작은 이두(小李杜)라고 불림. 번천 문집(樊川文集) 20권이 전하고 전당시(全唐诗)에 시 8권이 수록됨.

旅宿

旅馆无良伴, 凝情自悄然。
寒灯思旧事, 断雁警愁眠。
远梦归侵晓, 家书到隔年。
沧江好烟月, 门系钓鱼船。

여관방

여관에는 이야기 나눌 친한 벗도 없고
혼자서 이런저런 생각 하니 쓸쓸함만 더하네.

희미한 등불 마주하고 옛일을 그리던 중
외로운 기러기가 서글픈 잠을 깨우네.
꿈에서 가는 고향길 새벽에야 돌아오고
집에서 부친 편지는 내년에야 도착하리.
달빛과 물안개 흐드러진 푸른 강물
우리 집 문 앞엔 낚싯배 한 척 매여 있으리니.

▶ 이 시는 시인이 장시(江西)로 파견되어 근무할 때 쓴 것으로 추정됨.

허혼(许浑 : 생몰연대 미상)

자는 용회(用晦)이며 룬저우 단양(润州丹阳, 지금은 장쑤 소속) 사람. 832년(문종 태화 6년) 진사 급제하여 무저우·잉저우 자사를 지냄. 어릴 때부터 병치레가 많아 숲과 샘을 좋아했음. 그의 시는 율체(律体)에 뛰어나고 높은 곳에 올라 옛날을 회고하는 것이 많음. 정묘집(丁卯集)을 남김.

秋日赴阙题潼关驿楼

红叶晚萧萧, 长亭酒一瓢。
残云归太华, 疏雨过中条。
树色随山迥, 河声入海遥。
帝乡明日到, 犹自梦渔樵。

어느 가을 통관(潼关)에서

단풍잎에 바람 스치며 솨솨 소리 나는 저녁
휴게 정자(长亭)[1]에서 한잔 술로 여독을 달랬네.
남은 구름도 타이화산(太华山)[2]으로 물러가고
중탸오산(中条山)[3]엔 간간이 비가 지나간다.
짙은 숲 빛깔은 산을 따라 이어지고

우당탕 황하 물은 저 멀리 바다로 흘러가네.
내일이면 장안에 도착하리니
고향에서 고기 잡고 나무하던 꿈 꾸게 되리라.

1) 옛날 중국의 주요 도로는 10리마다 정자가 있어 길손들이 쉴 수 있게 하였음.
2) 서악(西岳)인 화산(华山), 산시성 화인현(陕西省华阴县)에 있음.
3) 산시성 융지현(山西省永济县) 동남쪽에 있는 산. 레이서우산(雷首山)이라고도 함.

▶ 지금의 산시성 퉁관현(陕西省潼关县) 북부에 있는 퉁관은 산시(陕西), 산시(山西), 허난(河南) 세 성의 요충지로, 예부터 뤄양에서 장안으로 가는 길목이었음. 지세가 험난하고 경치가 아름다워 많은 시인들이 시를 남김. 허혼도 고향을 떠나 장안으로 가는 길에 퉁관의 자연경관에 도취하여 이 시를 쓰게 됨.

***

早秋 其一

遥夜泛清瑟, 西风生翠萝。
残萤栖玉露, 早雁拂金河。
高树晓还密, 远山晴更多。
淮南一叶下, 自觉洞庭波。

초가을 제1수

청량함 가득한 긴긴 밤
푸른 풀잎 사이로 서풍이 불면
때늦은 반딧불이 이슬방울 아래 잠을 청하고
초가을 밤하늘엔 별을 스치는 기러기 떼.
새벽녘 높은 나무엔 잎사귀 여전히 무성하고
멀리 보이는 산은 더없이 맑기만 하다.
화이난(淮南)의 나무 낙엽이 지니
둥팅(洞庭)에서는 파도가 일어남을 알겠구나.

* * *

早秋 其二

一叶下前墀, 淮南人已悲。
蹉跎青汉望, 迢递白云期。
老信相如渴, 贫忧曼倩饥。
生公与园吏, 何处是吾师。

초가을 제2수

계단 위 낙엽이 지기도 전에
화이난의 늙은이 벌써 마음이 아프다.

우물쭈물 은하수(青汉) 바라보기만 하다
높은 하늘 흰 구름 헛된 기대였다네.
늙고 병든 것은 사마상여(司马相如)[1]와 같고
가난하여 굶주림은 만쳥(曼倩)[2]같이 되었구나.
생공(生公)[3]과 원리(园吏)[4]중에
누구를 스승으로 삼아야 할 거나

1) 한나라 때의 저명한 사부(辞赋) 작가. 어릴 때부터 공부와 검술을 수련하였으나 경제(景帝)가 사부를 좋아하지 않아 중용되지 못함. 사기의 사마상여 열전(史记·司马相如列传)에서 "상여는 말을 더듬었으나 글에 뛰어났으며 항상 소갈증으로 고생했다."라고 기록함. 무제(武帝) 즉위 후 부름을 받았으나 결국 병사함.
2) 동방삭(东方朔)의 자. 태중대부(太中大夫)를 지냈으며 기발하고 유머가 많아 무제가 놀이 상대로 삼음.
3) 양(梁)나라 때의 스님이며 이름은 축도생(竺道生). 쑤저우 후추사(虎丘寺)에서 열벽경(涅槃经)을 강론하였으나 사람들이 믿지 않아, 돌을 모아 놓고 강론하자 돌들이 머리를 숙였다는 전설이 있음.
4) 식물원과 동물원을 관리하던 관직. 장자(庄子)가 치원(漆园)의 관리로 일한 적이 있어 장자를 원리 또는 치원리(漆园吏)라고 부름.

* * *

早秋 其三

蓟北雁犹远, 淮南人已悲。
残桃间堕井, 新菊亦侵篱。

书剑岂相误, 琴樽聊自持。
西斋风雨夜, 更有咏贫诗。

초가을 제3수

지베이(蓟北)¹⁾의 기러기 남쪽으로 멀어지면
화이난의 늙은이 벌써 마음이 아프다.
따고 남은 복숭아들 사이엔 허물어진 우물
새로 핀 국화가 울타리를 넘보는구나.
어찌 글과 칼이 미치지 못함이랴?
거문고와 한잔 술로 무료함 달래면서
비바람 부는 밤 서쪽 서재에 앉아
안빈(安贫)의 삶 노래하는 시 한 수 읊어보네.

1) 성 서북쪽에 지추(蓟丘)가 있어 연유한 이름. 베이징의 서남쪽에 옛 터가 있음.

▶ 관직에서의 계속되는 좌절 가운데 자신의 미래에 대한 불안과 당혹스러움, 강변에서 허무하게 늙어가는 신세에 대해 안타까움을 토로한 시. 당시 삼백 수에는 제1수가 선정됨.

이상은(李商隐 : 약 813~858年)

蝉

本以高难饱, 徒劳恨费声。
五更疏欲断, 一树碧无情。
薄宦梗犹泛, 故园芜已平。
烦君最相警, 我亦举家清。

매미

본래 높은 곳에서 살아 배부르지 못함이여
소리 내어 울어도 그 서러움을 누가 알까.
오경이 지나 잦아들던 소리 멈추려 해도
녹음 무성한 나무는 여전히 무정하구나.
고단한 벼슬살이 떠내려가는 나뭇가지라
고향 집 정원은 이미 잡초로 뒤덮였겠지.
너의 수고스러움이 깨달음이 되니
나 또한 씻은 듯이 가난하고 깨끗함이라.

▶ 이상은은 평생에 걸쳐 두 차례 비서성(秘书省)에서 관직 생활을 하였지만 자기 뜻을 제대로 펼쳐보지 못하였고 상황은 갈수록 어려워졌음. 이 시에서 벼슬길이 순탄치 못함에도 불구하고 고결한 의

지를 지키겠다는 뜻을 표현.

* * *

风雨

凄凉宝剑篇, 羁泊欲穷年。
黄叶仍风雨, 青楼自管弦。
新知遭薄俗, 旧好隔良缘。
心断新丰酒, 消愁斗几千?

비바람

처량하구나, 보검편(宝剑篇)[1] 품은 웅지
평생 떠돌다 죽어야 하는 신세로다.
시들은 누런 잎에 비바람 몰아칠 때
고관대작 누각에선 관현악 소리 들려오네.
새 친구들은 때를 잘못 만나 궁지에 처하였고
옛 친구들의 좋은 인연 닿지를 않는구나.
고된 세월 끊으려고 신펑주(新丰酒)[2]를 찾아보나
근심 걱정 잊으려면 몇천 냥이나 필요할까?

1) 당나라 초기 곽진(郭震)이 지은 시편 이름. 무측천(武则天)이 읽고 크게 감동하여 그를 중용하게 됨.

2) 신평은 산시성 린퉁현(陝西省临潼县) 동쪽의 지명으로 맛있는 술로 유명했음. 당나라 초기 마주(马周)가 아직 벼슬을 구하지 못하고 있을 때 신평의 여관에서 술 한 말 갖다 놓고 혼자 마시곤 하였음. 이후 상하(常何)의 천거로 태종이 감찰어사(监察御史)에 임명.

▶ 이상은은 일찍이 우승유(牛僧孺) 당 영호초(令狐楚)의 신임을 받았으나, 진사 급제 후 이덕유(李德裕) 당인 왕무원(王茂元)의 딸과 결혼. 우이 양당의 격심한 당쟁에서 이당이 몰락하고 영호도(令狐绹, 영호초의 아들)가 장기 집권하면서 이상은은 당쟁의 희생물이 되어 배척됨. 자신은 우이 양당 어느 쪽에도 빌붙을 생각이 없었으나 평생 자신의 재능과 포부를 실현할 기회를 찾지 못하고 변방을 전전하며 빈한하게 살았음.

* * *

落花

高阁客竟去, 小园花乱飞。
参差连曲陌, 迢递送斜晖。
肠断未忍扫, 眼穿仍欲归。
芳心向春尽, 所得是沾衣。

낙화

손님들 떠나 텅 빈 높은 누각에서
작은 정원에 꽃잎 흩날리는 것 바라본다.
듬성듬성 꽃잎 더미를 지나 구불구불 오솔길로
저녁 햇살이 멀어지는 손님을 배웅하네.
쓸어 버리자니 너무 마음이 아프구나
가지에 다시 꽃 돌아오길 애타게 기다리니
여린 마음은 봄 끝나는 것이 애석하여
오로지 옷깃을 눈물로 적실 뿐이라.

▶ 이상은이 846년(무종 회창 6년) 융러(永乐)에 머무를 때 정원의 낙화를 빌어 자신의 괴로운 심정을 토로함.

* * *

凉思

客去波平槛, 蝉休露满枝。
永怀当此节, 倚立自移时。
北斗兼春远, 南陵寓使迟。
天涯占梦数, 疑误有新知。

애수

자네 떠나던 날 물결이 난간까지 차올랐지

매미 울음 그친 가지는 이슬을 가득 머금었네.
그 시절이 사무치도록 그리워
난간에 기대어 한참을 서 있었네.
북두성(北斗星)[1]은 봄이 두 번 지날 만큼 아득하고
난링(南陵)[2] 오는 사신은 이제나저제나 나타나질 않는구나.
하늘 끝에서 몇 번이고 꿈으로 점을 쳤네
설마 새 친구가 생겨 옛 친구를 잊은 걸까.

1) 북두성은 황제가 거주하는 장안을 의미.
2) 난링은 지금의 안후이 판창현(安徽繁昌县).

▶ 쌀쌀한 가을밤에 친구가 떠나던 날의 정경을 회상하며 자신의 포부를 펼치지 못하는 현실을 슬퍼함.

* * *

北青萝

残阳西入崦, 茅屋访孤僧。
落叶人何在, 寒云路几层。
独敲初夜磬, 闲倚一枝藤。
世界微尘里, 吾宁爱与憎。

베이칭뤄(北青蘿)[1]

저녁 해가 서쪽 옌쯔산(崦嵫山)[2]으로 들어갈 때
스님 홀로 있는 오두막을 찾았었네.
온 산에 낙엽 수북한데 사람은 어디 있나
구름에 덮인 산길을 굽이굽이 몇 번이나 돌아야 했네.
초저녁 혼자서 경쇠(磬)를 치는 소리
한적하게 한 가닥 등나무 줄기에 기대어 있네.
온 누리가 티끌 세상 아닌 곳이 없으니
어찌 속세의 애증(愛憎)에 연연해하랴.

1) 산 이름, 왕우산(王屋山, 허난성 지위안시济源市 서북쪽에 위치)에 속함.
2) 간쑤성 톈수이현(甘肅省天水縣) 서쪽에 있는 산. 태양이 여기서 지는 것으로 믿었음.

▶ 828년(문종 태화 2년), 이상은이 위양(玉阳, 허난성 지위안시 서쪽의 산)에서 도를 닦고 있을 때, 산속 스님을 찾아가다 홀연 선의 도리(禅理)를 깨닫고 이 시를 씀.

온정균(温庭筠 : 약 801~870年)

본명은 기(岐), 자는 비경(飞卿)이며 타이위안치(太原祁, 지금의 산시 치현山西祁县 동남쪽) 출신. 뛰어난 실력에도 불구하고 권력층에 대한 풍자 등으로 미움을 받아 여러 번 진사 시험에서 낙방하고 평생 뜻을 이루지 못함. 국자조교(国子助教)를 지냈으며 음률과 시사(诗词)에 정통하였음. 시에서는 이상은과 함께 온이(温李), 사(词)에서는 위장(韦庄)과 더불어 온위(温韦)라고 불림. 문장이 화려 정교하여 화간파(花间派)의 으뜸으로 꼽히고 사의 발전에 지대한 영향을 끼침. 시 300여 수, 사 70여 수가 전함.

送人东游

荒戍落黄叶, 浩然离故关。
高风汉阳渡, 初日郢门山。
江上几人在, 天涯孤棹还。
何当重相见? 樽酒慰离颜。

동쪽으로 떠나는 친구

황량한 변방에 누런 낙엽이 흩날릴 때

큰 뜻을 품은 자네 옛 요새를 작별하네.
한양 나루터(汉阳渡)[1]엔 바람이 거세고
잉먼산(郢门山)[2]엔 새벽 해가 떠오르네.
강으로 배웅 나온 몇몇 친구들은
하늘 끝에서 돛단배 돌아오길 기다리리라.
언제나 우리 다시 만나게 될까
잔을 들어 헤어지는 아쉬움을 달래어 보네.

1) 후베이성 우한시 창강변의 나루터.
2) 후베이 이두시(宜都市西) 서북쪽 창강 남안에 있는 산. 한양 나루터와는 천 리 거리.

▶시 중의 지명이 모두 후베이성인 것으로 보아 온정균이 859년(선종 대중 13년) 쑤이현위(隋县尉)로 좌천되었다가 862년(의종 함통 3년) 장링(江陵)을 떠나기 전에 쓴 시로 추정되며 누구를 송별한 것인지는 알 수 없음.

마대(马戴 : 생몰연대 미상)

자는 우신(虞臣)이며 취양(曲阳, 장쑤 동하이东海 서남쪽) 출신. 무종 회창(武宗会昌, 841~846년) 때 진사 급제. 타위위안(太原) 이 사공(李司空)의 막부 서기로 일하였으나 직언으로 죄를 뒤집어쓰고 좌천됨. 사면된 후 복귀하여 태학박사(太学博士)를 지냄. 오언율시에 능하였고 전당시(全唐诗)에 시 두 권이 수록됨.

灞上秋居

灞原风雨定, 晚见雁行频。
落叶他乡树, 寒灯独夜人。
空园白露滴, 孤壁野僧邻。
寄卧郊扉久, 何门致此身。

바상(灞上)에서의 가을

바상에 불던 비바람도 그친 저녁
기러기 떼는 앞다투어 남으로 향하네.
타향의 나무에서 낙엽이 우수수 질 때
쌀쌀한 밤, 등불만이 불면의 객을 비춰주네.

텅 빈 정원에서 들려오는 이슬방울 소리
벽 사이로 이웃한 이는 속세 등진 스님이라.
교외 외딴집에 머문 지 이미 오래
어느 문으로 가야 이 한 몸 쓰이려나.

▶ 바상은 산시성 시안시(陝西省西安市) 동쪽의 바링고원(灞陵高原) 일대이며 당나라 때 벼슬을 구하러 상경한 사람들이 많이 거주하였음. 일은 제대로 풀리지 않는 가운데 가을이 지나가는 울적한 상황을 노래함.

* * *

楚江怀古 其一

露气寒光集, 微阳下楚丘。
猿啼洞庭树, 人在木兰舟。
广泽生明月, 苍山夹乱流。
云中君不见, 竟夕自悲秋。

초강(楚江)에서의 회고 제1수

방울방울 맺힌 이슬 한기(寒气)가 엄습하고
저녁 해는 초의 산봉우리 아래로 떨어지네.
원숭이가 둥팅 호숫가 나무에서 슬피 울 때

목란 배(木兰舟)[1]에 몸을 싣고 호수 위를 떠돈다.
광활한 윈멍저(云梦泽)에 밝은 달이 떠오르고
푸른 산 계곡으로 거친 물살이 요동치네.
구름 신선(云中君)[2]은 어째서 보이지 않는 거냐
밤새 홀로 기다리며 마음이 아프구나.

1) 미이기(迷异记)에 "쉰양강(浔阳江) 내에 많은 목란이 자라고 있고, 치리저우(七里洲)에서 노반(鲁班)이 목란 나무로 배를 만들었다." 라는 이야기가 있음. 호수 위 배의 모습이 아름다운 것을 의미.
2) 굴원(屈原, 약 BC 340~BC 278)의 구가(九歌)에 운중군(云中君) 편이 있음. 여기서는 굴원을 가리킴.

***

楚江怀古 其二

惊鸟去无际, 寒蛩鸣我傍。
芦洲生早雾, 兰湿下微霜。
列宿分穷野, 空流注大荒。
看山候明月, 聊自整云装。

초강(楚江)에서의 회고 제2수

화들짝 놀란 새는 어디론가 날아가 버리고

깊은 가을 귀뚜라미 울음소리만 남았네.
강가의 갈대숲에 새벽안개 자욱하더니
엷게 내린 서리가 난초 잎을 적시었네.
별자리들이 벌판을 남김없이 나누면서
하늘 끝까지 하염없이 흘러드네.
산을 바라보며 밝은 달을 기다리는데
잠깐 새 온 산이 구름으로 옷을 입었구나.

* * *

楚江怀古 其三

野风吹蕙带, 骤雨滴兰桡。
屈宋魂冥寞, 江山思寂寥。
阴霓侵晚景, 海树入回潮。
欲折寒芳荐, 明神讵可招。

초강(楚江)에서의 회고 제3수

들판에 부는 바람은 영향초(靈香草)를 실어 오고
조각배엔 소나기 빗방울이 떨어지네.
굴원(屈原)과 송옥(宋玉)[1]의 넋은 저세상으로 가버려
강산은 생각할수록 적막하고 쓸쓸하다.
어두운 구름이 저녁 풍경을 몰아내고

강변 나무들은 간조를 따라 물로 들어가네.
추위를 쫓고자 거적을 깔았으니
여행신(旅行神)인들 불러서 무엇하랴.

1) 굴원은 소체(骚体, 초사체楚辞体라고도 함)의 창시자이며, 송옥(宋玉, 약 BC 298~BC 222)은 굴원에 이어 초사에서 명성을 얻었고 부(赋)의 형성과 발전에 크게 공헌하였음.

▶ 선종 대중(宣宗大中, 847~859년) 초기 산시 타이위안(山西太原) 막부에서 서기를 하고 있던 마대가 직언으로 룽양(龙阳, 후난성 창더시常德市)으로 좌천되었을 때 둥팅호와 샹강(湘江) 변을 거닐다가 옛 선현들이 떠올라 이 시를 씀. 제1수가 당시 삼백 수에 선정됨.

장교(张乔 : 생몰연대 미상)

츠저우(池州) 출신. 의종 함통(懿宗咸通, 860~874년) 중기 진사 급제. 허당(许棠), 정곡(郑谷), 장빈(张宾) 등과 더불어 함통 십철(咸通十哲)이라 불림. 황소의 난(黄巢起义) 때 주화산(九华山)에 숨었다가 생을 마침.

书边事

调角断清秋, 征人倚戍楼。
春风对青冢, 白日落梁州。
大漠无兵阻, 穷边有客游。
蕃情似此水, 长愿向南流。

변방 이야기

나팔 소리가 늦가을 정적을 깨우고
한가한 병졸들은 망루에 기대어 있네.
훈훈한 바람이 왕소군(王昭君)[1] 무덤을 스치고
따스한 햇살이 량저우(梁州)[2]를 두루 비추네.
광대한 사막에 적군들이 보이지 않으니
관광객들이 변경 요새를 유람하고 있구나.

투루판 사람들 성정이 이 강물과 같아서
영원토록 남쪽으로 흐르기를 소망하노라.

1) 왕소군(王昭君, BC 54~BC 19?)이 화친 외교의 수단으로 흉노 선우에게 시집을 갔으며 흉노족 사이에 덕망이 높아 60년간 평화가 지속됨. 중국 4대 미녀 중 한 사람으로 흉노로 가는 길에 기러기가 그녀의 아름다움에 놀라 땅에 떨어졌다고 하여 낙안(落雁)이라고 부름.
2) 당시의 량저우(凉州)를 가리키며 지금의 간쑤성 지역에 위치.

▶ 숙종(肅宗) 이후 허시(河西)와 룽유(陇右) 일대는 장기간 투루판에 의해 점령당함. 851년(선종 대중 5년) 장의조(张议潮)가 출병하여 과(瓜), 이(伊), 시(西), 간(甘), 쑤(肅), 란(兰), 산(鄯), 허(河), 민(岷), 궈(廓) 10주를 탈환. 선종은 장의조를 구이이쥔(归义军) 절도사로 임명. 857년 허황(河湟, 황화와 황수이湟水 유역 일대)을 다스리던 투루판의 장군 상연심(尚延心)이 항복하여 서부 변경지대 전체가 당나라에 속하게 되고 평화가 찾아옴.

최도(崔涂 : 생몰연대 미상)

자는 예산(礼山). 888년(희종 문덕 원년)에 진사 급제. 오랫동안 쓰촨, 후난, 후베이, 산시(陕西), 간쑤 등의 지역을 전전함. 타향살이의 고충을 무겁고 우울한 시풍으로 노래한 것이 많음. 전당시에 시 한 권이 수록됨.

巴山道中除夜书怀

迢递三巴路, 羁危万里身。
乱山残雪夜, 孤烛异乡春。
渐与骨肉远, 转于僮仆亲。
那堪正漂泊, 明日岁华新。

섣달그믐에

삼바(三巴)[1]로 가는 길은 왜 이리도 먼 것인지
위태한 여정을 일만 리나 지나왔네.
첩첩이 쌓인 산에 잔설(残雪)이 빛나는 밤
한 자루 촛불을 벗하여 타향의 봄을 맞이하네.
가족들과는 점점 멀어져 가고
시동을 향한 정은 더욱 각별해지네.

정처 없는 신세 견디기 어렵구나
아침 해가 밝으면 새해가 시작되리니.

1) 삼바는 바쥔(巴郡), 바둥(巴东), 바쉬(巴西)의 통칭. 쓰촨 자링강(嘉陵江)과 치장(綦江) 유역 동쪽에 해당되며 이후 쓰촨의 별칭이 됨.

▶ 이 시는 최도가 난리를 피해 쓰촨 일대를 떠돌다 섣달그믐을 맞은 참담한 심정을 쓴 것.

* * *

孤雁

几行归塞尽, 念尔独何之。
暮雨相呼失, 寒塘欲下迟。
渚云低暗度, 关月冷相随。
未必逢矰缴, 孤飞自可疑。

무리 잃은 기러기

수많은 기러기 떼 북으로 떠나 버렸건만
너는 홀로 어디로 가는지 알고나 있는 거냐?
빗속에서 친구들을 불러도 대답은 없고
차가운 못에서 쉬고자 하나 선뜻 앉지 못하네.

모래톱을 덮은 검은 구름 헤치고 날 때
산 위에 뜬 달 하나만 길동무를 하고 있네.
설마하니 활시위를 만날 일은 없으련만
혼자 잘 찾아갈 수 있을지 걱정이로구나.

▶ 최도는 강남(江南, 창강 하류 이남) 출신이나 평생 중국 서북부 지역을 전전하며 삶. 이 시는 그가 후난, 후베이 지역에 거주할 때의 작품.

두순학(杜荀鶴 : 846~904年)

자는 언지(彦之)이며 츠저우 스다이(池州石埭, 지금의 안후이 타이핑太平) 출신. 891년(소종 대순 2년)에 진사 급제 하였으나 벼슬과는 인연이 없어 낙향. 주온(朱温)이 양(梁)을 세우고 한림학사에 임명하였으나 5일 만에 사망. 그의 시는 당나라 말기 군벌들이 난립하는 가운데서의 사회적 모순과 백성들의 비참한 상황을 묘사한 것이 많음. 당풍집(唐风集)을 남김.

春宮怨

早被婵娟误, 欲妆临镜慵。
承恩不在貌, 教妾若为容。
风暖鸟声碎, 日高花影重。
年年越溪女, 相忆采芙蓉。

궁중 원망

일찍이 이쁜 생김새로 잘못 들어와
거울을 마주해도 화장 생각 내키지 않아
은총을 받음이 용모에 있음이 아니거늘

어찌 소녀에게 꾸미고 가꾸라고 하시나요?
따사로운 봄바람에 재잘재잘 새소리
밝은 햇살 비추어 꽃 그림자 더욱 짙다.
해마다 이맘때면 떠오르는 고향 동무
같이 웃고 수다 떨며 연꽃을 땄었건만

▶ 궁녀가 궁전 생활 중 겪는 가슴앓이에 비유하여 자신의 재능을 알아주는 이 없음을 한탄함.

위장(韦庄 : 836?~910年)

　자는 단기(端己)이며 징자오 두링(京兆杜陵, 지금의 산시 시안시 동남쪽) 출신. 위응물의 사대 손. 880년(희종 광명 원년) 황소의 난이 발생한 후 뤄양으로 피신하였다가 룬저우(润州)로 가 주보(周宝)의 막부에 들어가면서 10년간의 강남 피난 생활을 시작. 894년(소종 건녕 원년)에 진사 급제하여 습유(拾遗), 보궐(补阙) 등을 역임. 901년(소종 천복 원년)에 촉(蜀)으로 가 10년간 왕건(王建)을 위해 일함. 온정균(温庭筠)과 더불어 온위(温韦)라고 불렸으며 화간파(花间派)의 중요 사인(词人)에 속함. 320여 수의 시가 전하고 환화집(浣花集)을 남김.

章台夜思

清瑟怨遥夜, 绕弦风雨哀。
孤灯闻楚角, 残月下章台。
芳草已云暮, 故人殊未来。
乡书不可寄, 秋雁又南回。

장대(章台)[1]의 밤

현을 감싸는 애절한 거문고 소리[2]
밤새 찬바람 궂은비 쓸쓸하게 들려오네.
등불 아래 초의 나팔(楚角) 소리 듣는 중에
새벽달은 장대(章台) 아래 가라앉고 있구나.
무성하던 나뭇잎도 벌써 시들기 시작하나
옛 친구는 아직 나타날 기미조차 없네.
집으로 보낸 편지 의지할 바 못 되니
기러기 떼 이미 남쪽으로 돌아감이라.

1) 장대는 한나라 때 장안의 길 이름. 버드나무 가로수가 울창하여 버드나무의 별칭이 됨.
2) 고대의 거문고는 25현으로 매우 애절한 소리를 냄. 태황제(泰帝, 태양신 복희씨伏羲氏)가 소녀(素女)의 50현 거문고 연주를 듣고 그 처량함을 참을 수 없어 부러뜨려서 25현 거문고를 만들었다고 전함.

교연(皎然 : 약 720~803年)

자는 청주(清昼)이며 본성은 사(谢)인 스님. 남조 송나라 사영운(谢灵运)의 십 대손. 송별 및 화답시가 많고, 시풍이 간결하면서도 담백함. 교연집(皎然集)을 남김.

寻陆鸿渐不遇

移家虽带郭, 野径入桑麻。
近种篱边菊, 秋来未著花。
扣门无犬吠, 欲去问西家。
报道山中去, 归时每日斜。

육홍점(陆鸿渐)[1]을 찾아가다

성곽 가까운 곳으로 이사한 친구를 찾아
들길을 따라 뽕나무 대마 심은 곳으로 걸어갔네.
울타리 주변에 심어 놓은 국화
가을이 왔건만 여전히 벌어지지 않은 봉오리.
문을 두드려도 개 짖는 소리조차 없어
서쪽 이웃집에 어디 갔는지 물어보았네.
대답하여 가로되 "산에 가긴 갔는데
매번 해가 서산에 걸려야 돌아온다오."

1) 교연의 절친인 육우(陸羽)로 평생 벼슬을 하지 않고 탸오시(苕溪, 저장성 후저우湖州 경내)에 은거. 저서로는 차경(茶经)이 있으며 차성(茶圣)으로 불림.

오언절구(五言絶句)

4구로 이루어지는 최소의 시체로 한 구의 자수가 5자로 구성.

오언절구의 기원은 육조(六朝)의 진(晉)·송(宋) 때 양쯔강(揚子江) 하류와 중류 지역에서 유행하던 자야가(子夜歌), 서곡가(西曲歌) 등의 민가(民歌)로 남녀 간의 애정을 표현한 것이 많음.

이것이 나중에 문인들의 주목을 끌어, 제(齊)·양(梁) 이후로 활발한 창작이 이루어지면서 차차 무게와 깊이를 더하게 되었으며, 당대(唐代)에 이르러 운율(韻律)의 규격을 갖추어 근체시(近体詩)의 하나로 자리를 잡음.

왕유(王维 : 701~761年)

鹿柴

空山不见人, 但闻人语响。
返景入深林, 复照青苔上。

루차이(鹿柴)

텅 빈 산에 사람은 보이지 않고
어디선가 들려오는 이야기 소리
저녁 햇살이 무성한 나무 사이로 들어와
숲속 푸른 이끼를 비추어 주네

▶ 왕유는 현종 천보 연간(742~756년)에 중난산 밑의 왕천(辋川)에 별채를 지음. 왕천에는 명승지가 스무 곳 있었는데 왕유는 친구 배적(裵迪)과 이곳들을 돌아다니며 시를 써서 왕천집(辋川集)을 엮음. 이 시는 그중 제5수.

* * *

竹里馆

独坐幽篁里, 弹琴复长啸。
深林人不知, 明月来相照。

죽리관(竹里馆)

홀로 적막한 대나무 숲 깊숙이 앉아
거문고도 뜯었다가 퉁소도 불었다가
아무도 나 있음을 알지 못하나
밝은 달이 찾아와서 비추어 주네.

▶ 죽리관은 왕천 별채 주위가 대나무 숲이라 붙은 이름. 왕유는 일찍부터 불교를 믿은 데다 벼슬길도 순탄치 않아 40세 이후로는 세상일에 관심을 버리고 반관반은(半官半隐)의 생활을 함. 이 시는 만년에 란톈 왕천에 거할 때 씀. 그의 왕천집(辋川集) 20수 중 제17수.

* * *

山中送别

山中相送罢, 日暮掩柴扉。
春草明年绿, 王孙归不归?

산중 송별

산속에서 친구를 보내주고
해가 져서 사립문을 닫았다.
내년 봄 초목이 푸를 때에
친구여, 오는가 못 오는가?

* * *

相思

红豆生南国, 春来发几枝?
愿君多采撷, 此物最相思。

홍두(红豆), 그리움

홍두(红豆)[1]는 남쪽 지방에서 자라는데
봄이면 얼마나 많은 가지가 나오는지
청컨데 그대 마음껏 따기 원하오니
나의 그리움을 가장 잘 담고 있음이라.

1) 홍두는 남방 식물로 전설에 따르면 변방에서 남편을 잃은 어떤 여인이 나무 아래서 울다 죽은 뒤 홍두로 변했음. 그래서 상사자(相思子)라고도 불림.

▶ 이 시의 제목은 '강 위에서 이구년에게 바치다(江上贈李龟年)'라고도 알려져 있음. 안사의 난 때 이구년이 강남을 떠돌며 무대에서 불렀으므로 천보(天宝, 742~756년) 연간의 작품으로 추정됨.

* * *

杂诗

君自故乡来, 应知故乡事。
来日绮窗前, 寒梅著花未?

잡시

그대 고향을 막 떠나왔으니
고향 소식 잘 알고 있겠구려.
오실 때 우리 집 창문 앞에
매화는 아직 피지 않았던가요?

▶ 왕유는 멍진(孟津, 허난성 북서 지방 뤄양의 북쪽에 있는 황하 인근의 마을)에 10여 년 지낼 때 우연히 고향의 지인을 만나 고향 생각이 간절하여 이 시를 씀.

배적(裴迪 : 생몰연대 미상)

관중(关中, 지금의 산시陕西) 출신. 수저우 자사(蜀州刺史)와 상서성랑(尚书省郎)을 지냄. 왕유와 친해 중난산에 같이 거하면서 작품 활동을 함. 전당시(全唐诗)에 29수의 시가 수록됨.

崔九欲往南山马上口号与别

归山深浅去, 须尽丘壑美。
莫学武陵人, 暂游桃源里。

최구(崔九)를 보내며

산 깊은 곳으로 돌아오면
봉우리와 계곡의 아름다움, 빠짐없이 즐겨야 하리.
혹시라도 무릉인(武陵人)을 본받아서
도원(桃花)에 잠시 머무는 일 없도록 하게.

▶ 현종은 말기에 이임보를 중용하고 양귀비를 총애하면서 정치는 혼란에 빠지고 재야의 지식인들은 벼슬길이 막힘. 최구(최흥종崔兴宗)는 일찍부터 배적, 왕유와 은거 생활을 하며 시를 주고받다 관

직에 진출하여 우보궐(右補闕)에 오르나 오래지 않아 염증을 느끼고 물러남. 배적은 최구를 송별하며 이 시를 써 주어 권면함.

조영(祖咏 : 699~746年)

終南望餘雪

終南陰嶺秀, 積雪浮云端。
林表明霽色, 城中增暮寒。

중난산(終南山) 잔설을 보며

중난산 그늘진 봉우리[1] 빼어나구나
쌓인 눈이 구름 위로 둥실 떠 있도다.
눈 그치고 수풀 위로 햇살이 비치면
성 안에는 저녁 추위가 심해진다네.

1) 중난산은 장안성 남쪽 60여 리에 있어 장안에서는 봉우리의 북쪽 면이 보임.

▶ 당시기사(唐诗纪事)에 "조영은 젊을 때 장안에 가서 과거에 응시하였는데 시험 문제는 '중난산 잔설을 보며(终南望餘雪)'라는 제목의 육운 십이구(六韵十二句) 오언장률(五言長律)을 짓는 것이었다. 조영은 4구를 쓴 다음, 시가 이미 완성되어 더 이상은 사족에 불과하다고 생각하고 제출하였다. 시험관이 다시 쓰기를 요구하였으나 조영은 주장을 굽히지 않았고 시험관은 매우 불쾌하여 불합격 처리

하였다."라고 기록되어 있음.

맹호연(孟浩然 : 689~740年)

宿建德江

移舟泊烟渚, 日暮客愁新。
野旷天低树, 江清月近人。

젠더강(建德江)에서 숙박하다

물안개 자욱한 작은 섬에 돛단배를 대니
해 질 녘 나그네 설움이 새삼스럽다.
광활한 들판, 저 멀리 하늘은 나무 아래 있고
푸르른 강에 빠진 달이 무척 친근하구나.

▶ 맹호연이 730년(현종 개원 18년)에 큰 뜻을 품고 고향을 떠나 뤄양으로 갔으나 만만치 않은 벼슬 생활에 좌절감과 울분에 가득 차 마음을 달래기 위해 오월 지역을 여행하며 쓴 시. 젠더강은 저장(浙江) 젠더 서부를 지나는 신안강(新安江)의 강줄기.

* * *

春晓

春眠不觉晓, 处处闻啼鸟。
夜来风雨声, 花落知多少。

봄날 새벽

봄날 새벽 잠결에 날이 밝더니
여기저기 새 지저귀는 소리 들려오네.
지난밤 비바람이 지나갔는데
꽃들은 얼마나 많이 떨어졌을까

▶맹호연은 루먼산(鹿门山)에 은거하다 장안으로 가 과거에 응시하나 낙방하고 귀향한 일이 있었는데 이 시는 루먼산에 은거할 때의 작품.

이백(李白 : 701~762年)

静夜思

床前明月光, 疑是地上霜。
举头望明月, 低头思故乡。

가을 밤 고향 생각

우물가(床)[1]에 내려앉은 밝은 달빛
땅 위에 서리가 가득한 줄 알았었네.
고개 들어 밝은 달을 쳐다보다
고개 숙여 고향을 그리워하네.

1) 옛날 중국 우물은 수 미터 높이의 사각 난간을 만들어 사람이 실수로 빠지지 않도록 하였는데 침대와 같은 모양이라 하여 은상(银床)이라고 불렀음.

▶ 726년(현종 개원 4년) 9월 15일 이백이 26세 때 양저우 여관에서 쓴 시.

***

怨情

美人卷珠帘, 深坐颦蛾眉。
但见泪痕湿, 不知心恨谁。

원망, 그리움

아름다운 여인이 주렴을 걷어 올리고
깊은 규방에서 미간을 찌푸리고 앉아 있네.
옥 같은 얼굴 촉촉한 눈물 자국은
마음속으로 누구를 원망함인가?

▶ 헤어진 낭군을 기다리는 여인의 원망 섞인 그리움을 묘사한 시.

두보(杜甫 : 712~770年)

八陣图

功盖三分国, 名成八阵图。
江流石不转, 遗恨失吞吴。

팔진도

천하 삼분의 공적은 삼국에서 따를 자 없고
팔진도의 명성은 천고에 드높다.
강물이 부딪쳐 흘러도 바위는 그대로거늘
오(吳)를 침공한 실책, 두고두고 안타깝구나.

▶ 두보는 766년(대종 대력 원년) 여름 쿠이저우(夔州)로 이주. 쿠이저우에는 무후묘(武侯庙)가 있었고 제갈량이 팔진도를 펼쳤다는 강변이 있었음. 팔진도는 두보가 제갈량을 기리며 쓴 여러 시 중 한 수.

왕지환(王之渙 : 688~742年)

자는 계릉(季凌)이며 산시 장현(山西绛县) 사람. 의협심이 강하고 호방한 성격의 소유자였음. 그는 젊어서 과거에 급제하여 지저우 헝수이(冀州衡水)의 주부가 됨. 726년 전후 관직을 그만두고 친구를 찾아다니며 유람하는 생활을 시작함. 그의 시는 변경지역의 풍광을 빼어나게 묘사하였으며 당시 많은 악공들이 그의 시에 곡을 붙여 노래하였으나 단지 6수만 남아 전함.

登鹳雀楼

白日依山尽, 黄河入海流。
欲穷千里目, 更上一层楼。

관작루(登鹳雀)에 오르며

태양은 서쪽 산에 기대어 뉘엿뉘엿 기울고
황하는 동으로 흘러 바다로 들어간다.
천리 밖 눈길 닿는 곳까지 보고자 하여
또 한 층을 올라 누각 높은 곳에 서리라.

▶ 이 시는 왕지환이 벼슬을 버리고 귀향하여 살던 시절(727~741년)에 쓴 것으로 추정. 관작루는 융지(永济)시 경내의 푸저우성 밖 서남쪽 황하 기슭에 있으며 누각 위에 황새가 둥지를 틀었다고 하여 관작루라는 이름이 유래하였고 많은 시인 묵객들이 즐겨 찾는 장소였음.

유장경(刘长卿 : 718~790年)

送灵澈上人

苍苍竹林寺, 杳杳钟声晚。
荷笠带夕阳, 青山独归远。

영철(灵澈) 스님을 보내며

짙푸른 숲속에 죽림사(竹林寺) 있어
멀리서 저녁 종소리 울려 퍼지네.
등에 진 삿갓에 저녁 햇살 받으면서
청산(青山) 먼 길을 저 홀로 가는구나.

▶ 영철(灵澈)은 당나라 중기의 유명한 시승(诗僧). 후이지(会稽, 지금의 저장 사오싱浙江绍兴) 사람. 후이지 윈먼산(云门山) 운문사(云门寺)에서 출가. 죽림사(竹林寺)는 룬저우(润州, 지금의 장쑤 전장镇江)에 있으며 영철 스님이 여기저기 돌아다닐 때 자주 묵던 절. 유장경이 영철 스님을 룬저우에서 만났다 헤어진 것은 769~770년 즈음. 유장경은 761년(숙종 상원 2년) 난바(南巴, 지금의 광둥 마오밍茂名의 남쪽)의 귀양살이에서 돌아와 실의에 빠져 지내고 있었고 영철 스님은 아직 무명으로 강남 일대를 떠돌던 시절이라 공통의 심리적 연대감을 갖고 있었음.

***

听弹琴

泠泠七弦上, 静听松风寒。
古调虽自爱, 今人多不弹。

거문고 타는 소리

일곱 현에서 울려 퍼지는 청량한 곡조
미세한 음들이 솔숲의 바람 마냥 서늘하다.
내가 옛 곡조를 사랑함이 지극하건만
요즘은 거문고 타는 이들이 드물어졌구나.

▶ 유장경(刘长卿)은 진사 급제하고 임관도 하기 전에 안사의 난을 당해 장쑤 지역으로 피난을 갔다 숙종 지덕 연간(756~758)에 잠깐 창저우위(长洲尉)와 해염령(海盐令)을 맡게 됨. 이 당시에는 당나라와 주변 국가 간 교류가 활발해지면서 중국의 음악 흐름에 큰 변화가 생김. 연악(燕乐)이 크게 인기를 끌게 되었고 서역에서 전래한 비파(琵琶)가 중심 악기로 자리 잡음. 전통적인 거문고는 고상하고 경건한 곡조에도 불구하고 봄 햇빛에 노출된 잔설처럼 연주하는 사람이 줄어들게 됨.

送方外上人

孤云将野鹤, 岂向人间住。
莫买沃洲山, 时人已知处。

스님을 보내며

한 조각 구름을 타고 나는 야생의 학
어찌 인간 세상에 머무를 수 있으랴
부디 워저우산(沃洲山)[1]을 찾지는 마시게
사람들이 이미 다 알고 있는 곳일세.

1) 저장성 신창현(新昌縣) 동쪽에 있는 산으로 진(晉)의 고승 지둔(支 遁)이 학과 말을 길렀던 곳이라고 하며 도교의 12성지에 속함. 사람들에게 너무 알려져 있어 수행에 적합하지 않은 곳이라는 뜻.

▶ 756년(숙종 지덕 원년)에 유장경은 난바(南巴)에서 돌아왔다가 바로 강남으로 감. 이후 근 10년간 장쑤와 저장 일대의 명승지를 찾아다니며 스님들과 교류함. 이 시기에 쓴 시.

위응물(韦应物 : 732~792年)

秋夜寄丘二十二员外

怀君属秋夜, 散步咏凉天。
空山松子落, 幽人应未眠。

가을밤에 구단(丘丹)[1] 에게 부침

때마침 맞은 가을밤, 그대가 그리워져
쌀쌀한 하늘을 노래하며 서성거렸네.
아무도 없는 산속, 솔방울 떨어지면
초야에 숨은 친구, 필경 잠들지 못하겠구나.

1) 쑤저우 사람으로 상서랑(尚书郎)을 역임했으나 이후 핑산(平山)에 은거함.

이단(李端:743?~782年)

자는 정기(正己), 자오저우(赵州, 지금의 허베이 자오현 赵县) 사람. 대종 대력(代宗大历, 766~779년) 때 진사 급제. 비서성 교수랑(秘书省校书郎)과 항저우 사마(杭州司马) 등을 지냄. 영민하고 시에 능하여 '대력 십 대 재사(大历十才子)'에 포함됨. 관직을 그만둔 뒤 형산(衡山)에 숨어 지냄. 이단 시집(李端诗集) 4권이 전함.

听筝

鸣筝金粟柱, 素手玉房前。
欲得周郎顾, 时时误拂弦。

쟁 연주

쟁의 미려한 현축(弦轴)에서 나는 아름다운 소리
가녀린 손가락이 옥방(玉房)[1] 앞에 놓여 있네.
주랑(周郎)[2]이 돌아봐 주기를 원하는 마음에서
일부러 가끔은 틀린 현을 뜯는구나.

1) 쟁의 현을 받치는 부분을 방이라고 함.

2) 삼국시대 오나라 장수 주유(周瑜)가 24세에 대장군이 되었을 때 사람들은 그를 주랑이라 부름. 그는 음악에 정통하여 술이 취한 상태에서도 누가 연주하다 틀리게 되면 고개를 돌려 연주자를 바라보았음. 그래서 "음이 틀리면 주랑이 돌아다본다(曲有误·周郎顾)"라는 말이 생겼음.

왕건(王建 : 765~830年)

자는 중초(仲初), 잉촨(潁川, 지금의 허난 쉬창许昌) 사람. 대력(大历, 766~779년)에 진사 급제. 만년에 산저우 사마(陕州司马)를 지내고 변방에서 군 생활을 함. 악부시에 능하여 장적(张籍)과 더불어 장왕(张王)이라고 불림. 시골집, 양잠과 길쌈하는 여인, 어부 등 당시의 사회상을 반영한 시가 많음.

新嫁娘词 其一

邻家人未识, 床上坐堆堆。
郎来傍门户, 满口索钱财。

새색시 첫째 날

모여든 이웃 사람들 아는 이가 없어
침상에 앉아 안절부절 가시방석이라.
신랑이 방문을 열고 들어오자
신방에 몰려와 돈 달라고 아우성일세[1].

1) 신랑이 감사의 표시로 하객들에게 돈을 나누어 주면 복이 온다는

속설이 있었음.

***

新嫁娘词 其二

锦幛两边横, 遮掩侍娘行。
遣郎铺簟席, 相并拜亲情。

새색시 둘째 날

화려한 축하 휘장이 양쪽에 걸려 있고
도우미의 부축으로 걸음을 옮기네.
신랑에게 대돗자리를 깔게 한 뒤
시가 어른들에게 같이 절을 올리네.

***

新嫁娘词 其三

三日入厨下, 洗手作羹汤。
未谙姑食性, 先遣小姑尝。

새색시 셋째 날

삼 일 만에 부엌에 들어가
손을 씻고 국을 끓이네.
아직 시어머니 식성을 몰라
시누이에게 먼저 맛을 보게 하네.

▶ 막 시집온 신부의 생활을 세밀하게 묘사한 시. 당시의 혼인 풍속을 엿볼 수 있음. 신혼 후 사흘 동안 하루 한 수씩 구성. 그중 제3수가 당시 삼백 수에 포함됨.

권덕여(权德舆 : 759~818年)

자는 재지(载之), 톈수이 뤠양(略阳, 간쑤 친안현秦安县 동쪽) 사람. 태상박사(太常博士), 좌보궐(左补阙), 산남서도절도사(山南西道节度使) 등을 역임하였으며 전당시(全唐诗)에 시 10권이 남아 있음.

玉台体

昨夜裙带解, 今朝蟢子飞。
铅华不可弃, 莫是藁砧归。

화장대

어젯밤 치마끈이 풀어지더니[1]
오늘 아침엔 갈거미[2]가 날리는구나.
이제 화장을 새로 해야 하리니
틀림없이 남편이 돌아올 징조라.

1) 치마끈이 저절로 풀리면 부부의 연이 생긴다고 믿었음.
2) 갈거미(蟢蛛)의 희(蟢) 자와 기쁘다는 희(喜) 자의 발음이 같아 길조로 생각했음.

▶ 권덕여는 규방 여인의 심정을 노래하는 연작시 12수를 썼는데 그중 제 11수가 가장 회자됨.

유종원(柳宗元 : 773~819年)

江雪

千山鳥飛絕, 萬徑人蹤滅。
孤舟蓑笠翁, 獨釣寒江雪。

눈 내리는 강

뭇 산에서 새들의 나는 모습 사라지고
모든 길엔 사람의 자취조차 없어졌는데
외로운 배 위 영감님이 도롱이 삿갓 걸치고
눈 내리는 차가운 강에서 홀로 낚싯대를 드리운다.

▶ 유종원이 융저우(永州)에서 귀양살이할 때(805~815년) 쓴 시. 805년(순종 영정 원년) 유종원은 왕숙문(王叔文) 일파가 추진한 영정 혁신(永貞革新)에 참가하여 안으로는 환관 세력을 억누르고 밖으로는 번진(藩鎭)을 통제하는 등의 정치적 개혁을 추진하였으나 반대 세력들이 연합하여 저항함으로써 실패로 끝남. 유종원은 융저우 사마(永州司馬)로 좌천되어 10년간의 유배생활을 함. 그는 관의 통제를 받으면서 사실상 연금 상태로 지냈으나 그런 가운데서도 시를 통해 인생의 가치와 이상적인 취향을 추구하였음.

원진(元稹 : 779~831年)

行宮

寥落古行宮, 宮花寂寞紅。
白头宮女在, 闲坐说玄宗。

행궁

퇴락하여 썰렁해진 옛 행궁에
쓸쓸한 꽃들만 붉게 피었네.
백발이 된 궁녀들이 모여 앉아
한가하게 현종 이야기로 시간을 보내는구나.

▶ 천보(天宝, 현종의 연호, 742~756년) 말년에 여러 궁녀들이 상양궁(上阳宮)에 보내져서 40여 년을 갇혀 지내게 됨. 원진(元稹)은 이 궁녀들의 사소한 일상을 통하여 당 왕조가 쇠락하는 모습을 드러내고 있음.

백거이(白居易 : 772~846年)

问刘十九

绿蚁新醅酒, 红泥小火炉。
晚来天欲雪, 能饮一杯无?

유십구(刘十九)에게 묻다

녹색 지게미가 동동 뜨는 갓 빚은 술
화로는 불이 활활 타올라 벌겋게 되었네.
밤이 되어 하늘에선 눈을 쏟으려 하니
우리 집에서 술이나 한잔 하는 게 어떤가?

▶ 백거이가 만년에 뤄양에서 은거할 때(817년) 쓴 시. 유십구는 그가 장저우(江州)에서 사귄 친구로 송양처사(嵩阳处士)라고도 하며 이름은 전해지지 않음.

장호(张祜 : 785?~849年)

자는 승길(承吉), 칭허(清河, 지금의 싱타이시 칭허현邢台市清河县) 사람. 시로 이름이 높았으며 명사들과 술 마시며 교류하는 것을 좋아하였으나 성품이 거만하여 수차례 배척을 받고 하급 관료로 강등됨. 전당시(全唐诗)에 349수의 시가 수록됨.

宮词 其一

故国三千里, 深宫二十年。
一声何满子, 双泪落君前。

궁중 생활 제1수

삼천리 밖 머나먼 고향
궁전에 갇혀 지낸지 어언 이십 년.
황제 앞에서 '하만자(何满子)' 노래를 부르는 중
나도 모르게 두 눈에서 눈물이 흐르네.

* * *

宮词 其二

自倚能歌日, 先皇掌上怜。
新声何处唱, 肠断李延年。

궁중 생활 제2수

홀로 가락에 맞추어 노래하던 날
무종 황제의 총애가 극진했었네.
새 노래를 어디서 부를 것인가
이연년(李延年)[1]의 아픈 가슴, 창자가 끊어지는구나.

1) 한 무제의 왕비인 이부인(李夫人)의 언니. 뛰어난 노래 실력으로 한 무제가 매우 총애하였음. 여기서는 당 무종 때 궁전에서 노래하던 가수를 지칭.

▶ 무종(武宗) 이염(李炎)은 노래에 뛰어난 비빈인 맹재인(孟才人)을 무척 총애하였음. 무종의 병이 깊어 맹재인이 곁을 지킬 때 무종이 '하만자(河滿子)'를 노래하게 하였는데 곡조가 너무 구슬퍼 듣는 사람들이 눈물을 흘림. 무종이 죽자 맹재인은 심히 애통해하다 며칠 뒤 따라 죽음. 장고가 맹재인을 위한 시 '맹재인을 탄식하다(孟才人叹)'와 '궁중 생활(宮词)' 두 수를 씀. 하만자는 곡조가 매우 애달픈 당나라 교방곡(敎坊曲)의 이름.

이상은(李商隐 : 약 813~858年)

乐游原

向晚意不适, 驱车登古原。
夕阳无限好, 只是近黄昏。

낙유원(乐游原)

저녁이 되니 마음이 울적해져
마차를 몰아 낙유원으로 올라갔네.
석양은 더할 나위 없이 아름답건만
이젠 황혼이 가까이 다가왔구나.

▶ 한 선제의 첫 번째 황후인 허씨(许氏)가 출산 후 죽자 장안성 안 가장 높은 지대에 장사 지내고 낙유묘(乐游庙) 또는 낙유원(乐游苑)이라고 함. 苑은 原과 발음이 비슷해 낙유원(乐游原)으로 변형됨. 낙유원은 당나라 때의 명승지로 많은 시인들이 찾아 백 수에 가까운 시를 남김.

이상은은 국운이 다해 가는 당나라 말기를 살며 평생 그의 큰 포부를 실현해 볼 방법을 찾지 못함. 25세에 영호초(令狐楚)의 아들 영호도(令狐绹)의 추천으로 관직에 발을 들였다가 영호초가 죽자 그를 총애하던 왕무지(王茂之)의 딸과 결혼하였는데 왕무지는 이당(李党)의 중요 인물이었기 때문에 이 이후로 이상은은 우이(牛李) 당쟁의 늪에서 헤어나지 못함. 그의 답답한 심정을 이 시에서 나타냄.

가도(贾岛 : 779~843年)

자는 랑선(阆仙 또는 浪仙)이며 판양(范阳, 지금의 허베이 줘현涿县) 사람. 한때 스님이 되어 무본(无本)이라고 이름하였다가 환속함. 수차례 과거에 응시하였으나 낙방하고 창장(지금의 쓰촨 펑시蓬溪)에서 주부(主簿)를 지내 가창장(贾长江)이라고 불리었음. 황량한 환경과 가난한 생활을 소재로 한 시가 많고, 시를 쓸 때 거듭하여 자구를 다듬었던 것으로 유명함. '맹교의 시는 춥고 가도의 시는 가난하다(郊寒岛瘦)'라는 말이 있음.

寻隐者不遇

松下问童子, 言师采药去。
只在此山中, 云深不知处。

은자를 찾았으나 만나지 못하다

소나무 밑에서 아이에게 물었더니
"선생님은 약초 캐러 가셨어요.
그런데 산은 깊고 구름이 자욱하여
어디 계신지는 알지 못해요."

▶이 시의 창작 시기는 알려진 바 없고 시 중 은자는 가도의 친구인 장손하(长孙霞)라는 설이 있음.

송지문(宋之问 : 656?~712年)

渡汉江

岭外音书断, 经冬复历春。
近乡情更怯, 不敢问来人。

한강(汉江)을 건너며

영남으로 쫓겨가 모든 소식은 끊어진 채
겨울을 지내고 다시 봄을 맞게 되었네.
고향이 가까워지니 두려운 마음 더하여
도중에 만난 지인에게 감히 물어보지 못하였네.

▶ 송지문은 무측천(武则天)의 연인인 장이지(张易之)와 가까이 지내다 무측천이 죽고 705년 정월 중종(中宗)이 즉위하자 룽저우 참군(泷州参军)으로 좌천됨. 룽저우는 오령(五岭 : 창강과 주강珠江이 나누어지는 지역의 산악 지대) 남쪽 광둥성에 있으며 좌천되거나 유배를 왔던 많은 사람들이 이 지역의 풍토에 적응하지 못하고 죽었음. 705년 10월 송지문은 오령을 넘어 다음 해 봄 뤄양으로 탈출하는 도중 한강을 건너며 이 시를 씀. 한강은 한수이(汉水)라고도 하며 산시(陕西)에서 발원하여 후베이를 지나 창강으로 합류됨.

김창서(金昌緖 : 생몰연대 미상)

저장성 위항(余杭) 사람. 이 시 한 수만 남아 있고 그에 대한 구체적인 내용은 알려진 것이 없음.

春怨

打起黃莺儿, 莫教枝上啼。
啼时惊妾梦, 不得到辽西。

봄날, 원망스러움

꾀꼬리 앉은 가지를 흔들어서
지저귀지 못하게 쫓아버렸네.
울음소리에 놀라 잠이 깨어
님 계신 랴오시(辽西)에 가지 못할까 하노라.

▶ 랴오시는 랴오허(辽河) 서쪽의 잉저우(营州)와 옌저우(燕州) 일대로 지금의 랴오닝성 진저우(锦州), 차오양(朝阳)에서 베이징 동북부의 화이러우(怀柔), 순이(顺义)까지의 지역에 해당. 당나라 때는 이 지역에서 해(奚), 거란(契丹) 등과 충돌이 잦았고 랴오시를 지키던 병사들은 장기간 집에 돌아가지 못하거나 죽어서 황무지에 묻혀

야 하는 경우가 많았음.

서비인(西鄙人 : 서쪽 변경 지대 사람)

哥舒歌

北斗七星高, 哥舒夜带刀。
至今窥牧马, 不敢过临洮。

가서(哥舒)를 노래함

하늘 높이 북두칠성이 떠오르면
가서한(哥舒翰)이 칼을 차고 밤을 지새운다.
오랑캐들은 여전히 말을 풀고자 하나
감히 린타오(临洮)[1]를 넘어오지 못하리라.

1) 간쑤성 타오허(洮河) 변의 민현(岷县). 진(秦)나라가 쌓은 장성(长城)의 서쪽이 여기에서 시작됨.

▶ 가서한은 원래 명장 왕충사(王忠嗣)의 부하였으나 747년 왕충사가 모함으로 낙마하자 현종은 가서한을 룽유(陇右) 절도사로 임명. 룽유 절도사는 투루판을 방어하기 위해 두저우(都州, 지금의 칭하이 러두현乐都县)에 설치한 직책. 가서한은 여러 차례 투루판의 침략을 격퇴하고 국경을 안정시켜 칭하이 일대의 번영을 가져왔으며 백성들 사이에 그를 칭송하는 민요가 퍼짐. 이 시는 753년(현종 천

보 12년) 가서한(哥舒翰)이 군대를 이끌고 돌궐을 격퇴한 뒤 서북지방 사람들이 그를 칭송하여 부르던 노래를 고쳐 쓴 작품.

오절악부(五绝乐府)

최호(崔颢 : 704?~754年)

长干曲 其一

君家何处住？妾住在横塘。
停船暂借问，或恐是同乡。

창간곡 제1수

도련님은 고향이 어디이신가요?
소녀는 원래 헝탕(橫塘)[1]에서 살았답니다.
혹시 고향이 같지나 않은가 싶어서
잠깐 배를 멈추고 여쭤봅니다.

1) 지금의 난징 서남쪽 모처우호(莫愁湖)

* * *

长干曲 其二

家临九江水，来去九江侧。
同是长干人，自小不相识。

창간곡 제2수

저의 집은 주장(九江)[1] 물가에 있었답니다.
늘 주장 강변에서 왔다 갔다 했었죠.
우리 같은 창간(长干) 사람인데도
어릴 때부터 서로 모르고 지냈었군요[2].

1) 원래 창강 쉰양(浔阳) 일대의 명칭이었으나, 창강을 지칭하는 말로 쓰이게 됨.
2) 창간은 난징 친화이구(秦淮区) 친화이허(秦淮河) 남쪽에서 위화타이(雨花台) 북쪽까지의 옛 이름. "어린애들이 청매와 대나무 말로 소꿉놀이를 하면서 흉허물 없이 지낸다(青梅竹马, 两小无猜)"는 표현의 발원지. 어릴 때 알았더라면 재미있게 소꿉장난을 했을 것이라는 아쉬움을 나타내는 표현.

▶ 창간곡(长干曲)은 남조(南朝) 시대 악부 중 잡곡고사(杂曲古辞)라는 이름의 장르였음. 최호는 민요적인 요소를 계승하면서 아름답고 낭만적인 요소는 버리고 소박하고 진솔함을 부각시켜 새로운 형태로 발전시킴.

이백(李白 : 701~762年)

玉阶怨

玉阶生白露, 夜久侵罗袜。
却下水精帘, 玲珑望秋月。

옥섬돌에서의 기다림

늦은 밤, 이슬 맺힌 옥섬돌에서
하염없이 서 있던 중 명주 버선이 축축해졌네.
방에 돌아와 수정 주렴을 내리고선
영롱한 가을 달을 바라보며 기다렸네.

▶ 서한 성제(成帝)의 후비인 반첩여(班婕妤)가 황제의 총애를 잃은 후 궁전을 나와 쓴 '자도부(自悼赋)'에서 "화려한 궁전에 쌓인 먼지와 옥섬돌에 끼인 이끼(华殿尘兮玉阶苔)"라는 문장을 취하여 남조 제나라의 사조(谢朓)가 '옥계원(玉阶怨)'이란 시를 썼고 이백은 사조의 시를 모방하여 이 시를 씀.

노윤(卢纶 : 748~800?年)

塞下曲 其一

鹫翎金仆姑, 燕尾绣蝥弧。
独立扬新令, 千营共一呼。

요새곡 제1수

독수리 깃털 살깃 금부고(金仆姑)[1]를 차고
손에는 제비꼬리 모호(蝥弧)[2]를 들었다네.
우뚝 서서 새로 군령을 하달하니
천군만마가 일제히 함성을 질러대는구나.

1) 화살 이름. 화살대는 금으로, 살깃은 독수리 깃털로 만들었다고 함.
2) 춘추시대 제후 정백(郑伯)이 사용하던 깃발로 지휘기를 뜻하는 단어가 됨. 깃발의 끝이 양 갈래로 갈라져 제비꼬리처럼 생겼다고 함.

* * *

塞下曲 其二

林暗草惊风, 将军夜引弓。

平明尋白羽, 没在石棱中。

* * *

요새곡 제2수

바람에 흔들리는 수풀이 사람을 놀라게 할 때
장군은 캄캄한 어둠 속으로 살을 당겼네.
날이 밝아 하얀 살깃을 찾아보니
바위 모서리에 깊숙이 박혀 있었다네.[1]

1) 사기 이장군 열전(史记·李将军传)에 나오는 한나라 이광(李广) 장군의 일화를 소재로 장수의 용맹함을 묘사. 이광이 우베이핑 태수(右北平太守)로 재직할 때 사냥을 나갔다가 풀숲 안의 바위를 보고 호랑이로 착각하고 활을 쏨. 다가가서 보니 화살이 박혀 있어 여러 번을 다시 쏘아 보았으나 모두 튕겨져 나옴.

* * *

塞下曲 其三

月黒雁飞高, 单于夜遁逃。
欲将轻骑逐, 大雪满弓刀。

요새곡 제3수

구름이 달을 가린 밤, 기러기 높이 날고
선우(单于)¹⁾는 어둠을 틈 타 도망을 친다.
경기병들을 데리고 추격을 하려 할 때
병사들의 칼과 활엔 소복이 눈이 쌓인다.

1) 흉노의 수령, 여기서는 적군의 대장을 지칭

* * *

塞下曲 其四

野幕敞琼筵, 羌戎贺劳旋。
醉和金甲舞, 雷鼓动山川。

요새곡 제4수

들판에 장막을 치고 성대한 잔치를 벌이니
강융(羌戎)¹⁾ 사람들이 와서 개선을 축하하네.
술이 취해 갑옷 입은 채로 춤을 출 때
우레 같은 북소리가 산천을 뒤흔드는구나.

1) 고대 중국 서북부의 소수민족.

* * *

塞下曲 其五

调箭又呼鹰, 俱闻出世能。
奔狐将迸雉, 扫尽古丘陵。

요새곡 제5수

활을 손질하고 매를 부르는 모습
누구나 장군의 걸출함을 느낄 수 있네.
몰이꾼들이 혼비백산하는 꿩들을 좇아
울창한 구릉에서 남김없이 잡아들였네.

* * *

塞下曲 其六

亭亭七叶贵, 荡荡一隅清。
他日题麟阁, 唯应独不名。

요새곡 제6수

국경을 평정한 공이 길이길이 빛나니
광대한 지역에 평화를 가져왔네.
언젠가 기린각(麒麟閣)¹⁾에 이름이 올라야 하나
마땅히 해야 할 일, 명예를 바람이 아니라

1) 한 선제(汉宣帝) 때 기린각을 세우고 곽광(霍光) 등 열한 명 공신의 초상화를 모셔 공적을 기림.

▶ 노윤은 젊어서부터 여러 차례 과거에 응시하였으나 낙방하고, 원재(元載), 왕진(王缙) 등의 추천을 받아 참모의 자리를 얻게 됨. 주체(朱泚)의 난으로 함녕왕 혼감(咸宁王浑瑊)이 출전하면서 노윤은 원수부 판관(元帅府判官)으로 발탁되어 변경 생활을 시작함. 군영에서 웅장한 변경의 경치와 호방한 장수들을 경험하면서 연작시 여섯 수를 씀.

이익(李益 : 748~829年)

江南曲

嫁得瞿塘贾, 朝朝误妾期。
早知潮有信, 嫁与弄潮儿。

강남곡

어쩌다 취탕(瞿塘) 장사꾼의 마누라가 되었을까
허구한 날 기다리다 허탕 치게 만드는구나.
밀물 썰물의 때가 있음을 진작 알았더라면
차라리 뱃사람에게나 시집을 갔을 텐데

▶ 당나라 때는 비단길을 중심으로 중앙아시아 각국과의 교역은 물론 중국 내의 상업도 크게 번성하게 됨. 상인들이 장기간 집을 떠나 돌아오지 않아 독수공방하는 부인들의 원망을 노래하는 규원시(闺怨诗)가 많이 나타남. 이익도 당시 유행하던 민가의 형태를 빌려 이와 같은 사회상을 반영한 시를 씀.

唐诗 300首 (中)

초판 1쇄 발행 | 2021년 10월 1일

옮긴이 | 류 인
엮은이 | 이용헌
펴낸이 | 윤용철
펴낸곳 | 소울앤북
주 소 | 경기도 파주시 회동길 325-22, 3층
편집실 | 서울특별시 중구 삼일대로 6길 15, 3층
전 화 | 02-2265-2950
이메일 | poemnpoem@gmail.com
등 록 | 2014년 3월 7일 제4006-2014-000088

ⓒ 류인, 2021

ISBN 979-11-91697-02-5   03820

* 이 책의 판권은 옮긴이와 소울앤북에 있으며 무단 전재를 금합니다.
* 잘못된 책은 교환해드립니다.